イライラを
コントロールする!

心が
ラクになる
言い方

安藤俊介 監修

朝日新聞出版

本書のトリセツ

本書では、イライラをコントロールするための実践的なスキルを紹介しています。怒りを感じたときにどのような言い方をすればよいか、どのように考え方を変換すればよいかなど、シチュエーションに合わせた実例に沿って学べます。

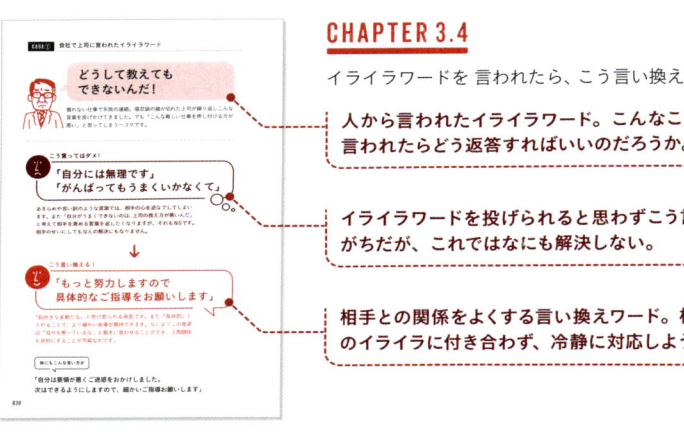

CHAPTER 3.4

イライラワードを 言われたら、こう言い換えよう。

人から言われたイライラワード。こんなことを言われたらどう返答すればいいのだろうか。

イライラワードを投げられると思わずこう言いがちだが、これではなにも解決しない。

相手との関係をよくする言い換えワード。相手のイライラに付き合わず、冷静に対応しよう。

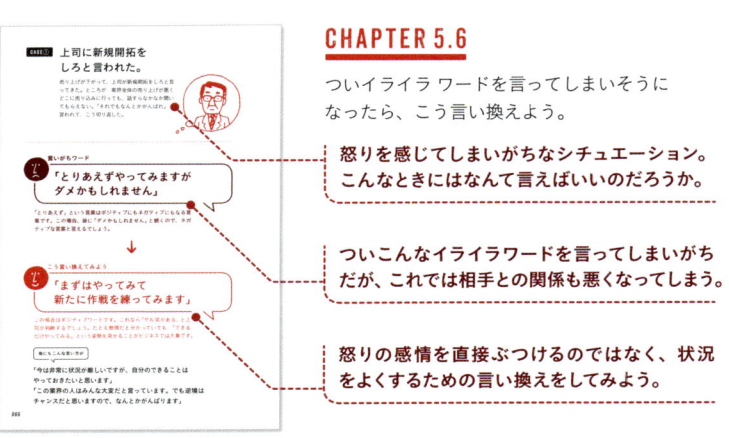

CHAPTER 5.6

ついイライラワードを言ってしまいそうになったら、こう言い換えよう。

怒りを感じてしまいがちなシチュエーション。こんなときにはなんて言えばいいのだろうか。

ついこんなイライラワードを言ってしまいがちだが、これでは相手との関係も悪くなってしまう。

怒りの感情を直接ぶつけるのではなく、状況をよくするための言い換えをしてみよう。

CHAPTER 8

イライラを解消する、困った人への対処法。

困った状況からくるイライラを解決するための3ステップ。

日々、まわりの人たちから困らせられることがある。どう解決すればいいのだろうか。

いくら困ったからといって、こんな対応をしてはダメ。

他人を変えるのではなく、自分の考え方を変えてみる。

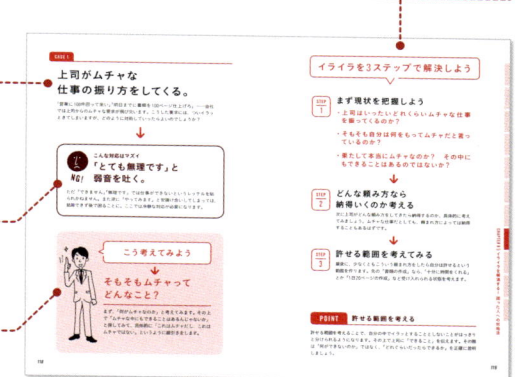

CHAPTER 9

イライラをコントロールする記録術。

記録の仕方の実例

記録することでイライラをコントロールできるようにする。

4つの手順に沿ってイライラの記録をする。

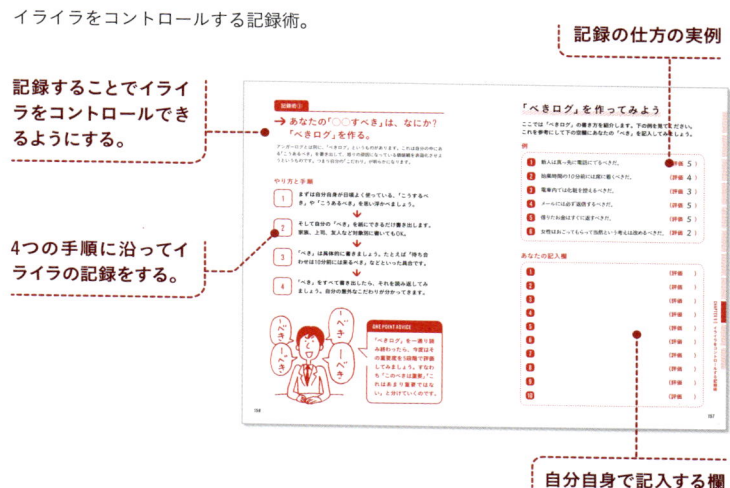

自分自身で記入する欄

003

CONTENTS

CHAPTER 1 イライラをコントロールする「アンガーマネジメント」とは？

「アンガーマネジメント」って いったいナニ？ …………………… 010
注意した方がよい4つの怒りとは？ … 011
怒りはどうして生まれるのか？ …… 012
怒りの原因「コアビリーフ」とは何か？ ……… 013
怒りを生み出す「〜べき」とは？ … 014
「べき」の境界線を広げよう！ ……… 015
怒りはこんな性質を持っている … 016
怒りは アレルギーと似ている？ … 017
怒りの引き金「トリガー」ってナニ？ …………… 018

CHAPTER 2 とりあえずイライラを抑えるマジックアクション9

1. 6秒間数字を数える …………… 020
2. その場を離れる ………………… 021
3. 怒りの感情をゴミ箱に捨てる … 022
4. ポジティブな魔法の言葉を唱える ………………………………… 023
5. 大きく深呼吸する ……………… 024
6. 体を動かす ……………………… 025
7. 白い紙をイメージ ……………… 026
8. 好きなことに没頭する ………… 027
9. 気持ちよい瞬間を記録 ………… 028

CHAPTER 3 イライラワードを言われたらこう言い換えよう 〔職場編〕

[会社で上司に言われたイライラワード]

どうして教えてもできないんだ！ … 030
君って、頭悪いね。 ……………… 031
まったく君は根性が足りないな！ … 032
この仕事、君には向いてないんじゃないか？ ………… 033
こんなんじゃ、担当代わってもらうよ。 ………… 034
これはボツだね！ ………………… 035
普通連絡を入れるのが当たり前だよね。 ………………… 036
できないの君だけだよ。 ………… 037
そんなことも知らないの？ ……… 038
君の話はさっぱり分からないね。 … 039
後で検討してみるから。 ………… 040
どうせ口だけでしょ。 …………… 041

[同僚から言われたイライラワード]

こっちも忙しいんだよ。 …………… 042
仕事の邪魔しないでくれる？ …… 043
どうせヒマでしょ、
だったら〜して。 …………… 044

[部下から言われたイライラワード]

でもこのやり方じゃできませんね。 … 045
部長、それもう古いですよ。 …… 046
なんで僕の仕事ばかり
大変なんですか？ …………… 047
そこまでやる必要あるんですか？ … 048

CHAPTER 4 イライラワードを言われたらこう言い換えよう

プライベート編

○△さんはこうなのに、
どうしてあなたは〜なの？ ……… 050
なんか、ケチだなー。 …………… 051
ほら、やっぱりね。
ダメだったじゃない。 …………… 052
何度も言うけどさ。 ……………… 053
意味わかんない！ ………………… 054
自分勝手だよね。 ………………… 055
じゃあ勝手にすれば！ …………… 056
その話、つまらないね。 ………… 057

それ、気にしすぎだよ。 ………… 058
それ、本当？ ……………………… 059
いやだな、面倒くさいよ。 ……… 060
疲れてるから、
後にしてくれない？ ……………… 061
あなたは全然
私をかまってくれない。 ………… 062
親の言うことは
ちゃんと聞きなさい。 …………… 063
〜のくせに○○なんだね。 ……… 064

CHAPTER 5 ついイライラワードを言ってしまうそうになったらこう言い換えよう

職場編

上司に新規開拓を
しろと言われた。 ………………… 066
部下が取引先の人を
怒らせてしまった！ ……………… 067
部下のミスのせいで
仕事に影響が出た。 ……………… 068
トラブルを報告しなかった部下を
注意したい。 ……………………… 069

新しい部下が仕事を
ちゃんとやってくれない。 ……… 070
仕事中スマホをいじる
部下をなんとかしたい。 ………… 071
打ち合わせ中、
部下にイライラする。 …………… 072
部下が所かまわず
質問を浴びせてくる。 …………… 073

005

CONTENTS

仕事を任せた部下が大きな失敗をした。……074

誰が悪いのか、責任のなすりつけ合いになった。…075

部下が商品の発注ミスをしてしまった。……076

取り返しのつかない事態が起こってしまった。……077

部下が出してきた企画案に満足のいくものがなかった。……078

部下が同僚の悪口ばかり言う。…079

失敗した同僚を慰めてあげたい。…080

上司の書類に間違いを発見した。…081

こちらも忙しいのに仕事の手伝いを頼まれた……082

CHAPTER 6 ついイライラワードを言ってしまうそうになったらこう言い換えよう 〔プライベート編〕

夫がまったく家事を手伝ってくれない。……084

友達がドタキャンをした。……085

夫と旅行の相談をしていたらついイラッとして…。……086

夫が優柔不断で物事をはっきり決めない。……087

友達の遅刻で予定が狂った。……088

なにかにつけて、友達がお金の文句ばかり言う。…089

子どもがケガをして妻と言い合いになった。……090

友達がなにかにつけもったいぶるのでイライラする。……091

健康食品の販売員が何度も勧誘してくる。……092

友達が飲み会に行けないと急に言ってきた。……093

友達が自分より他の予定を優先した。……094

子どもがテストで赤点を取ってきた。……095

家に帰ったら食事の準備ができてなかった。……096

子どもが盗難にあってしまった。……097

楽しみにしていた舞台が期待外れだった。……098

友達が大事なペットを逃がしてしまった。……099

友人がプライベートをあれこれと聞いてくる。……100

友人が「ケチ」で飲み会でも割り勘を渋る。……101

タクシーの運転手が道を間違えた。……102

電話先のスタッフの態度が悪い。…103

隣人がかけている音楽がうるさくてしょうがない。……104

CHAPTER 7　心を前向きにするポジティブワード

[ポジティブになれる独り言]

「まっ、いいか」……… 106
「成長できるチャンスになる」
「怒りよ、とまれ」……… 107
「失敗しても、次があるさ」
「明日になれば変わる」
「私はラッキーだ」……… 108
「のんびり、じっくりやろう」
「終わりよければ すべてよし」
「やることに 価値がある」……… 109

「自分は大丈夫」
「こういうこともある」
「よし、できるところから やってみよう」……… 110
「分かってくれる人は他にもいる」
「それは小さいことだ。気にしないでおこう」
「イヤな思い出よ、バイバイ」……… 111
「人生なんとかなる」
「いまはやめておこう」

[自分を奮い立たせる言葉]

「そのうち状況も変わるだろう」… 112
「出口はすぐそこにある」
「絶対に最後までやろう」……… 113
「よし、見返してやろう」
「きっと楽しいことが 待っている」
「自分にはデキる力がある」……… 114
「ゴールはすぐそこだ」

「やるだけのことはやっておこう！」
「自分自身を信じてみよう」……… 115
「大切なのは 続けることだ」
「幸せは自分でつかんでいこう」
「打たれ強くいこう」……… 116
「だから人生って面白い」
「一歩一歩前に進んでみよう」

CHAPTER 8　イライラを解消する！ 困った人への対処法

上司がムチャな仕事の振り方をしてくる。……… 118
上司の言うことがコロコロ変わる。… 120
上司の話が長くていつもイライラしてしまう。……… 122
人の話を適当に聞く先輩にイライラする。……… 124
先輩がなにも指導してくれず非常に困っている。……… 126

仕事を残して部下がさっさと定時に帰る。……… 128
何度も同じことを質問してくる部下にイライラする。……… 130
同じミスを何度も繰り返す部下をなんとかしたい。……… 132
部下が打たれ弱くすぐにヘコんでしまって困る。……… 134
同僚がなにかとこちらをライバル視してくる。……… 136

CONTENTS

同僚がウワサ話ばかりするので
イライラする。 ……………………… 138

同僚が融通が利かなくて
困っている。 ……………………… 140

担当者が威圧的で
仕事がやりにくい。 ……………… 142

顧客が激怒して電話してきた！ …… 144

小言ばかりの両親にイライラする。 … 146

車内で電話をしている人が
気になる。 ………………………… 148

違法駐車をする人を注意したい。

CHAPTER 9 イライラをコントロールする記録術

メモ帳を用意して怒りを記録しよう。…… 151

ひとつひとつの怒りを
数値化してみよう。 ……………… 152

あなたの「○○すべき」は、なにか？
「べきログ」を作る。 …………… 156

「ストレスログ」で
自分のイライラを整理しよう。 … 158

アンガーマネジメントの
計画表を作ろう。 ………………… 160

相手のコアビリーフを
知っておく。 ……………………… 161

「アンガーログ」を
他人にも当てはめてみる。 ……… 162

CHAPTER 10 イライラをコントロールする生活術

NGワードを使わないようにしよう！ … 165

正確な表現をつねに心がける。 …… 166

主語をつねに「私」に変えて話そう。 … 167

ボディランゲージにも気をつける。 … 168

怒ったときほど穏やかな口調で話す。 … 169

つねに自分をさらけ出す
ようにしよう。 …………………… 170

自分から変化を作ることで
強いメンタルを手に入れる。 …… 171

生活の中に適度な運動を
取り入れよう。 …………………… 172

過去、未来ではなく
「いま」に意識を集中させる。 … 173

ストレスを感じたら
最高だった瞬間を思い出す。 …… 174

一日「怒らない日」を作ってみる。 … 175

「成功したこと、うまくいったこと
手帳」を作る。 …………………… 176

つねに健康をチェックする。 ……… 178

毎日の食事、栄養に気をつける。 … 179

自分に合った「怒りを鎮める
テクニック」を見つけておく。 …… 180

CHAPTER 11 イライラコントロール ワークシート実践編

「変化ログ」で自分の
変わりたい姿をイメージしよう …… 182

三重円で自分の「許せる心」を
広げてみよう …………………… 184

「3コラムテクニック」で
怒りをチェックしよう …………… 186

「未来シナリオ」で
理想のストーリーを作ってみよう … 188

「棚卸しリスト」で自分の
怒りをチェックしよう …………… 190

CHAPTER 1

イライラをコントロールする「アンガーマネジメント」とは？

> なぜ「怒り」の感情が湧いてくるのか？ 怒りの正体を明らかにすることで、イライラコントロールの第一歩を踏み出す。

「アンガーマネジメント」って いったいナニ？

アンガーマネジメントは1970年代にアメリカで生まれた「怒りの感情」をコントロールするための心理トレーニングです。アメリカでは政治家、経営者、弁護士、スポーツ選手などじつに多くの人たちが、このトレーニング法を学んでいます。ただしこれは怒りを消したりガマンするテクニックではありません。

怒ることは悪いことではない

「怒り」は人間の自然な感情で、本来我々が生きていく上で必要なものです。ところが一般的には「怒ることはよくない」「怒りは抑えるべきだ」と考えられています。これが「怒り」に対する第一の大きな「間違い」です。

抑えるほど溜まるストレス

「抑え込み」が爆発の原因に

「怒りなんて消してしまいたい」「怒りをなんとか抑え込みたい」、こう考えると、心の中に逆にストレスが溜まってしまいます。その結果、怒りはさらに大きいものになり、限界を超えて、周囲への爆発という形で表に出てくることになります。

結論

アンガーマネジメントは「怒り」をコントロールする技術

大切なのは、まず自分の中の怒りの存在を認め、それを上手にコントロールすることです。アンガーマネジメントはそのための技術であり、「怒るべきこと」「怒らなくてよいこと」を選別し、「怒るべきこと」に関しては自分の感情を適切に相手に表現できるようになることを目指します。そのようにして怒りをコントロールできれば、怒りで人間関係を壊すことはなくなります。

注意した方がよい4つの怒りとは？

「怒り」はなくすことができないものです。怒りというものは「理由」があり、それは本来「自分を守る」ためにあるのです。だから怒りたいときは怒ってもよいし、逆に怒らなくてよいときは怒らない、という姿勢を持つことが大切です。ただし、次の「4つの怒り」には気をつけなければいけません。

人間関係を壊す4つの怒り

注意すべき怒り① 他人を攻撃する怒り

注意すべき怒り② 強度が高い怒り

注意すべき怒り③ 頻度が高い怒り

注意すべき怒り④ いつまでも持続する怒り

上の4つはいわゆる「人間関係を壊す怒り」です。相手を罵倒したり、物を投げたり（攻撃）、気が済むまで怒鳴り続けたり（強度）、頻繁に怒ったり（頻度）、いつまでも怒りを引きずっていたり（持続）。あなたはこうした怒りを持っていませんか？

結論

問題となる怒りと上手に付き合えるようになろう

怒りの感情は人にそなわっているごく自然な感情なので、怒り自体に良いも悪いもありません。しかし、この4つのタイプにあてはまると問題があると言えます。これらの4つの怒りは、度を越さないように上手にコントロールできるようにトレーニングをしていかなくてはなりません。アンガーマネジメントの知識とスキルを身につけることで、それが可能になります。

怒りはどうして生まれるのか?

ではどうやって「怒り」をコントロールするのでしょうか? そのためにはまず「怒りの感情がどのように生まれるのか」を知らなければなりません。ここでは怒りの発生を3段階に分けて解説してみましょう。じつはこの3つの段階を理解し、頭に入れておくだけでも、怒りに振り回されにくくなります。

怒りが発生する3段階

たとえばあなたが急に「他部署への異動」を命じられたとします(第1段階)。そして「自分は飛ばされたんだ」「打診もなく不当だ」と考えるとします(第2段階)。こうして出来事に自分で意味をもたせることで「なんで異動させるんだ!」と怒りが発生します(第3段階)。

| 第1段階 | 出来事との遭遇 |

| 第2段階 | 出来事の意味づけ |

| 第3段階 | 「怒り」の感情の発生 |

結論

怒りは意味づけに大きく左右される

人によっては第2段階の「意味づけ」で「僕には能力があるから他の部署に引き抜かれたんだ」と考える人もいるでしょう。その場合怒りは起きません。むしろ仕事に対するヤル気が湧き、怒りの感情は起こってこないことでしょう。このように「怒り」は出来事に対する意味づけに大きく左右されるのです。「怒りやすい人」はまず、自分の考え方を振り返ってみることが必要です。

怒りの原因
「コアビリーフ」とは何か?

出来事に対する「意味づけ」は何によって生まれるのでしょうか? それは「コアビリーフ」と呼ばれるもののせいなのです。自分にとっての「常識」や「ルール」、それがコアビリーフです。あるいは「信条」や「独自の価値観」と言ってもよいでしょう。それらが裏切られたときに「怒り」が発生するのです。

コアビリーフにはこんなものがある

たとえば「電車の中で化粧をするのはマナー違反」とか、「就業時間の5分前には会社に着くべき」、あるいは「部下は上司に意見すべきではない」などといった自分の心の中にある「ルール」「常識」がコアビリーフです。

イライラや違和感の原因に

基本的にどんなコアビリーフを持っていようがその人の自由なのですが、それが行き過ぎたり、場になじまなかったりすると問題です。物事が自分の思い通りに動かないときや、相手が思った通りの反応をしてくれないときに、イライラや怒りの原因になってしまいます。

結論

自分のコアビリーフを知っておこう

コアビリーフはいわば「心のメガネ」です。そして私たちはそのメガネを通して現実を見ているのです。ただ時としてそれが適切でない場合があり、周りと衝突したり、自分が苦しむことになります。なにより行き過ぎたコアビリーフを持つことは「物事はこうあるべきだ」という決めつけにつながります。怒りをコントロールするためには、自分がどんな心のメガネを持っているか、まず意識してみましょう。

怒りを生み出す「〜べき」とは？

コアビリーフは「〜すべき」「〜のはずである」といった形で表れます。たとえばそれは「約束の時間は絶対に守るべき」とか「もらったメールには必ず返信すべき」といった具体的なルール・考え方になるのです。ここではその「〜べき」についてさらに詳しく見ていきましょう。

「〜べき」が怒りに発展する3段階

あなたの友人に、メールを送ってもなかなか返信してこない人がいるとします。そのためあなたはつねにイライラし、最後には「もう我慢ならない」と、相手に怒りの電話をするとします。そのときの心の動きは下のようになります。

第1段階 心の中に「メールは必ず返信すべきもの」というコアビリーフがある。

第2段階 相手が自分の望むように返信してこないので、イライラが募り爆発寸前になる。

第3段階 相手を自分の思い通りにしようとする。または怒りを相手にぶつけようと思う。

結論

他人にも他人の「〜べき」がある

ここで重要なのは、あなた同様、相手にもコアビリーフがあるということです。人によって考え方はさまざまで、この場合相手は「返信はたいして重要なことではない」と考えている可能性があります。自分が読んで理解していれば、特に返信しなくてもよいと思っているかもしれません。このように人それぞれの「べき」がある、と認識するだけでも怒りを減らすことができます。

「べき」の境界線を広げよう！

ではどうすれば「～べき」から起こるイライラを減らすことができるのでしょうか？それはずばり「許容範囲」の拡大です。ここでは「部下の書類に間違いが多くてイライラする」という事例で考えてみましょう。まず説明したいのが「べきのゾーン」です。これはいわゆる「許容範囲」を3つの円で表したものです。

許容範囲を円で考えてみる

下の図を見てください。あなたが「書類は完璧であるべき」と考えているとします。すると一番内側の円が「部下の書類にまったく間違いがない」状態で、あなたのOKゾーンになります。次にその外側が「多少間違いがある」状態で、多少は許せる「許容ゾーン」。そして一番外側が「間違いが多い」状態で、NGゾーンとなります。

OKゾーン
書類に間違いがない状態
（＝あなたの「べき」と同じ）

許容ゾーン
書類に多少間違いがある状態
（＝イラッとするけど許せる）

NGゾーン
明らかに書類に間違いが多い状態（＝絶対に許せない）

結論

OKゾーンを広げていこう

「書類は完璧であるべき」というコアビリーフを持ち続けている場合、あなたのイライラが減ることは決してありません。そこでOKゾーンを上の許容ゾーンまで広げてしまうのです。つまり「人間だから多少の間違いはある」とし、「できるだけ間違いをなくすべき」と考え方を変えるのです。このように自分の「こうあるべき」の範囲を広げることが、怒りをコントロールする重要なポイントになります。

怒りはこんな性質を持っている

これまで怒りの原因について解説してきましたが、それでは怒りはどのような性質を持っているのでしょうか？ ここではいくつかの性質について簡単に触れておきましょう。怒りの性質を知っておけば、どのように「自分の怒り」に対処すればよいかが分かってきます。

怒りが持つ主な性質

怒りには下のようにいくつかの性質があります。ふだん私たちはこの特性を意識することなく生活していることが多く、それがトラブルの原因になっています。怒りの性質を知ってうまく対処しましょう。

| 性質1 | 怒りは高い所から低い所に流れる |

| 性質2 | 怒りは他人に伝染する |

| 性質3 | 怒りは身近な対象ほど強くなる |

| 性質4 | 怒りはモチベーションにもなる |

結論

怒りの性質をプラスエネルギーに変えよう

これらはどれも思い当たることばかりでしょう。たとえば怒りは「立場が上の人（＝高い所）」から「立場が下の人（＝低い所）」へ流れます。また自分が怒っていると、周りもつられて怒り始めます。さらに身近な人ほど期待を裏切られたときの怒りは大きいものです。一方、怒りを上手にコントロールすれば、「よし、この怒りをバネにして頑張ろう」とプラスエネルギーに変えることができるのです。

怒りは
アレルギーと似ている?

アレルギーにはぜんそくや花粉症、アトピーなどさまざまなものがあり、その症状は人によって異なります。アレルギーの原因は花粉や卵など自然界に普通に存在するもので、それ自体が悪いものではありません。またすべての人にアレルギー反応を起こすというわけでもありません。怒りはこのアレルギーに非常によく似ています。

怒りも人によって反応が違う

たとえば「会議に時間ぎりぎりに来る」「話をしながら仕事をする」という2つのことが、ある人にとっては腹立たしいことであり、また他の人にとっては気にならないことだったりします。同じ事柄でも人によって大きく反応が異なります。

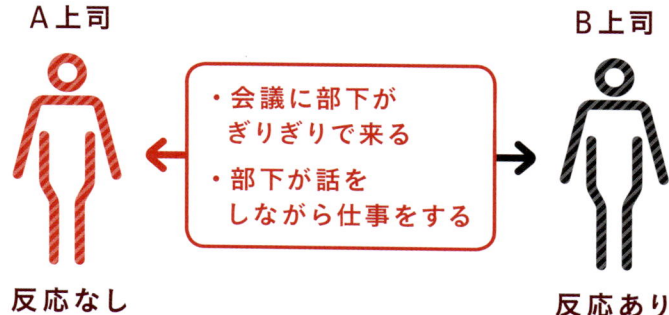

A上司　　　　　　　　　　　　　　　B上司

・会議に部下がぎりぎりで来る
・部下が話をしながら仕事をする

反応なし　　　　　　　　　　　　　　反応あり

結論

「怒りやすい性質」を変えていこう

アレルギーの治療法には「対処法」と「体質改善」があります。「対処法」はアレルギー反応が出たときに投薬などでその症状を鎮める方法。ただしこれで一時的に症状が抑えられても再発することが考えられます。そこで「体質改善」が必要になります。怒りのマネジメントも全く同じで、「怒りの感情」を即効で落ち着かせる「対処法」と、「怒りやすい性質」そのものを変える「体質改善」の2つがあります。

怒りの引き金
「トリガー」ってナニ？

「あなたの出身校は？」と聞かれただけで不快そうな顔をする人がいます。この人の怒りのきっかけは「学歴」だと言えるでしょう。このように人はそれぞれ怒りを引き出しやすいポイントを持っているものです。アンガーマネジメントではこれを「トリガー（引き金）」と呼んでいます。「心の地雷」と言ってもよいでしょう。

トリガーにはこんなものがある

ちょっと時間に遅れただけで怒りだす人がいます。その人を例にトリガーについて考えてみましょう。「ケース」「心のメガネ」「トリガー」を段階的に示してみました。これを元にあなたも自分のトリガーは何か考えてみましょう。

| ケース | 他人がちょっとでも時間に遅れるといつも腹が立つ |

| 心のメガネ | 人を待たせるのは時間泥棒だという基準・考え |

| トリガー | 時間の無駄遣いが行われること |

結論

トリガーを認識するだけでもOK

人にはそれぞれトリガーがあります。自分がどのようなことで怒ったのか、過去の経験から共通点を探っていくと自分自身のトリガーが見えてきます。そうして自分のトリガーが意識できるようになると、「私はこれに対してイライラしやすいから気をつけよう」と自分を防衛することができるようになります。これは先に触れた「体質改善」のひとつだと言えるでしょう。

CHAPTER 2

とりあえずイライラを抑えるマジックアクション9

> 「怒り」をコントロールするには、まずは感情を抑える必要がある。イライラを感じた時にすぐに実践できるテクニックを紹介。

MAGIC ACTION 1 — 6秒間数字を数える

カチンときたり、イライラしたときに落ち着きを取り戻す効果的な方法です。さまざまな説がありますが、怒りの感情のピークは長くて6秒と言われています。つまり6秒間自分の意識を違う場所に飛ばすことによって、瞬間的な怒りを鎮めることができるわけです。

心の中でゆっくりと数えよう

やり方は簡単。怒りを感じたら、心の中で数を1から6までゆっくりと数えます。数え方は「いち、に、さん…」でも英語で「ワン、ツー、スリー…」でもOK。また「100、99、98…」と数字を逆から数えたり、3の倍数で数えるなど複雑な数え方なら、より効果が高まります。

ONE POINT ADVICE

怒りの発生を遅らせたり、ストップさせるには、頭の中をからっぽにしたり、逆に別の思考でいっぱいにすることが効果的です。

こんな効果が

衝動的な行動を回避できる

怒りにすぐに反応すると、取り返しのつかない言葉を相手に浴びせたり、暴力をふるったりという最悪の結果を招いてしまいます。このテクニックで怒りの感情から一時的に意識を離し、相手に対する反応を遅らせることで、怒りをやり過ごすことができます。また意識を飛ばすことで、衝動的な行動を回避することが可能になります。ふだんから数え方を決めておくとよいでしょう。

MAGIC ACTION 2 — その場を離れる

これは「タイムアウト」と呼ばれるテクニックです。自分自身が感情をコントロールできなくなった場合に「一旦その場を立ち去る」という方法で、怒りの度合いが高いときほど効果があります。感情をリセットしたいときや、場の雰囲気を悪化させたくない場面で使ってみるとよいでしょう。

頭の中でタイムアウトと唱える

怒りやイライラを感じたら、頭の中で「タイムアウト」と唱え、その場を後にします。その際、「ちょっとトイレに行ってきますが、また戻りますね」など必ず一言添えることを忘れずに。場を離れたら、大きく深呼吸して心を落ち着かせます。

ONE POINT ADVICE

場を離れた後に物に八つ当たりしたり、大声を張り上げるのは厳禁。かえって感情が高ぶり、怒りが増大して逆効果に。

こんな効果が

再び戻ったときに冷静な話し合いが期待できる

目の前に怒りの対象がいないので、比較的短時間に怒りを鎮めることができます。これにより相手に対する感情も穏やかなものになっていくはず。また相手に「まずい、怒らせてしまったかな…」と考える時間を与えるので、再びそこに戻ったときに冷静な話し合いをすることができます。ふだんから自分の落ち着ける場所、避難場所を探しておきましょう。

MAGIC ACTION 3 ｜ 怒りの感情をゴミ箱に捨てる

これは一種のイメージ法です。心の中の怒りやモヤモヤした感情を、イメージで「ゴミ」に変えて捨ててしまうのです。体の中からイヤな感情を追い出す感じで行います。瞬間的な怒りだけでなく、過去のイヤな体験を思い出したときにも有効で、短時間でスッキリすることができます。

大きなゴミ箱を思い浮かべよう

カッときたり、イヤな思い出が頭に浮かんできたときに、目を閉じてその思いをゴミに変えます。次に大きなゴミ箱を思い浮かべ、そのゴミをつかんで「ポイ」と投げ入れます。最後にゴミ箱にフタをして目を開けると終了です。

ONE POINT ADVICE

抽象的なイメージではなく、「ゴミ箱」などの具体的な物を頭の中に浮かべることが怒りを鎮めるコツです。

こんな効果が

怒りに対して余裕を持つことができる

「会社で上司にイヤミを言われた」「友人にバカにされた」など、思い出すだけでイライラしてしまうような「しつこい怒り」を減らすのに効果的です。この方法を何度も繰り返し行うことで、怒りに対して「余裕」を持つことができます。またトラブルを抱えている場合でも、余裕があると、冷静になって問題に対する解決策を考えることが可能になります。

MAGIC ACTION 4 ポジティブな魔法の言葉を唱える

イライラしているときに、親友や恋人から「あなたは悪くないよ」とか「大丈夫だよ」と言われてホッとした経験はありませんか？ これはそういった言葉を自分自身に投げかけて冷静さを取り戻す方法です。イライラやとっさの怒りにとてもよく効くテクニックです。

ポジティブな言葉をあらかじめ準備しておく

心を落ち着かせてくれる「魔法の言葉」を前もって準備しておきます。言葉はどんなものでも構いません。たとえば、「なんとかなるさ」とか「明日には忘れてるよ」「たいしたことないよ」など、自分が安心できる言葉がいいでしょう。それを心の中で自分に何度も投げかけます。

ONE POINT ADVICE

イライラを感じたとき、「今は怒るのはやめておこうよ」といった、自分の怒りにブレーキをかける言葉も有効です。

こんな効果が

心が落ち着きリラックスする

魔法の言葉を唱えることで、次第に心が落ち着いていきます。また怒りの勢いも弱まり、冷静な自分を取り戻すことができます。どんな言葉が効果的なのか、自分の昔の体験を思い出してピックアップしておくといいでしょう。親友や恋人以外にも、母親が慰めてくれたときの言葉や、お世話になった先生の言葉などでもよいでしょう。昔の楽しい思い出もよみがえり、心をリラックスさせてくれるはずです。

MAGIC ACTION 5 | 大きく深呼吸する

これは「呼吸リラクゼーション」と呼ばれるものです。スポーツ選手が試合で本番に挑むときに、大きく呼吸するシーンをよく見かけますが、深呼吸は心を落ち着かせ、緊張をほぐす働きがあります。ふだん私たちは意外に浅い呼吸をしているものです。この呼吸リラクゼーションを日常にぜひとも取り入れましょう。

ゆっくりと深呼吸を行う

怒りを感じたときにゆっくりと深呼吸を行います。まず鼻から大きく息を吸って、一旦呼吸を止めます。次に口からゆっくりと息を吐き出します。これを2〜3回繰り返します。吸って吐いてで15秒、というように時間をかけるのがコツ。

ONE POINT ADVICE

深呼吸をするときにお腹に手を当てると、より呼吸の深さを実感することができます。

こんな効果が

短時間でリラックスした状態になれる

深呼吸は副交感神経の働きを高めてくれます。副交感神経の働きとは、心を落ち着かせたり、疲れた体を回復させたりといったものですが、深呼吸をすることで、短時間でリフレッシュすることができるのです。このテクニックは、仕事が思うように進まず、イライラしたときや、プレゼンテーションなど重要な場面で緊張した場合にとくに効果があります。

MAGIC ACTION 6 | 体を動かす

スポーツがストレス解消によいことはよく知られていますが、いつでもできるとは限りません。ちょっと体を動かすだけでも、怒りやイライラを減らすことができます。ここではオフィスや自宅ですぐに実践できるストレッチやジャンプによる「イライラ解消法」を紹介します。

こわばった体をほぐす

まずストレッチですが、立っていても座っていてもかまいません。手や足を思い切り伸ばしましょう。首をグルグル回してもOKです。次にまっすぐ立って、腕や足をピンと伸ばした状態で、その場で何回かジャンプします。怒りをクールダウンすることができます。

ONE POINT ADVICE

肩の上げ下げなども効果があります。要は自分に合った方法を探すことが大切。自分の方法を見つけたら体がほぐれるまで続けてみましょう。

こんな効果が

心と体のこわばりがほぐれる

怒りを感じると体までこわばってしまいます。ストレッチやジャンプで体をほぐすことで、イライラを徐々に減らしていくことができます。また筋肉をほぐすとセロトニンという神経伝達物質が出てきますが、これが心を安定させてくれます。セロトニンは朝の日差しを浴びることで分泌されることも知られています。朝起きたときにストレッチをすると、さらに効果が高まるわけです。

MAGIC ACTION 7 白い紙をイメージ

かなり強い憤りを感じたり、怒りで爆発しそうなときに有効な方法です。6秒間数を数えても心が鎮まらないときに実行するとよいでしょう。私たちの怒りの原因は目の前の出来事に対して「意味づけ」をすることで起こります。このテクニックは思考回路を遮断することで、その意味づけをストップさせる方法です。

頭の中が
からっぽな状態をイメージ

怒りが全身を駆け巡ってきたら、心の中で「ストップ！」と強く唱えます。暴走する車を両手で止めるイメージです。そしてあらゆる思考を停止させます。その際、頭の中が「一枚の真っ白な紙」もしくは「からっぽ」になっている状態をイメージします。そしてしばらくその状態を維持してください。

ONE POINT ADVICE

思考をストップさせると言っても、慣れないうちは雑念が浮かんできます。それを気にすることなく、白い紙を思い描いてみましょう。

こんな効果が

あなたを怒らせる要素がなくなる

意味づけをすることがなくなるので、目の前で起こっていることは「単なる出来事」となることでしょう。つまりあなたを怒らせる要素が目の前から消えてしまうことになります。それにより、怒りを感じた相手に余計な一言を投げかけることはなくなります。きっとあなたの表情も柔和なものに変わり、その場の雰囲気も和らぐことでしょう。

MAGIC ACTION 8 | 好きなことに没頭する

怒りの感情には2種類あります。それは瞬間的に感じ、いつの間にか消え去っていく怒りと、いつまでもズルズルと引きずる怒りです。後者はたとえば「上司に言われたイヤミに対する憤り」などが挙げられます。この種の怒りは日が経つにつれ大きくなります。そんなときは好きなことに没頭するのが一番の対処法です。

気持ちがよいことをリストアップ

好きなことに没頭するというのはつまり「気分転換」です。自分にとって気持ちがよいことをリストアップしておいて、怒りを感じたら、即実行するのです。机の整理や掃除など簡単なことでもかまいません。

ONE POINT ADVICE

ポイントは「自宅やオフィスなどで実行しやすい」ということ。そのためシンプルで単純なものがおすすめです。

こんな効果が

爽快感を味わうことができる

イライラが消え、爽快感を味わうことができます。一度「気分がよくなる」「リラックスできる」ものをリストアップして紙に書いてみることをおすすめします。ただしここで注意しなければならないのが、「中毒性のあるものは避ける」ということです。お酒やモバイルゲームなど中毒性があるものはダラダラと続けてしまうので、逆効果になります。

MAGIC ACTION 9 | 気持ちよい瞬間を記録

あなたは最高に気持ちよい瞬間を即座に思い出すことができるでしょうか? 意外に「思いつかない」という人が多いようです。この「気持ちよい瞬間」の記憶は怒り撃退の大きな武器になります。どんな記憶でもかまわないので、幸せだったり楽しかったことをメモします。そしてイライラしたときにそれを見るのです。

手帳に1〜2行程度のメモを書く

時間があるときに、リラックスした状態で「気持ちよい瞬間」を思い出しましょう。それはゴルフのベストショットや大好きな海の風景、といった具合です。そしてそれを手帳に書き出します。簡単な1〜2行程度のメモでOKです。

ONE POINT ADVICE

「仕事で成功したときの達成感」や「ライバルに勝ったときの快感」など「成果」を上げなければ得られないものは避けましょう。

こんな効果が

心の中の「プラス」を増やそう

これは心の中の「プラス」を増やし、「マイナス」を減らす方法です。気持ちよい瞬間で心の中をいっぱいにすれば、自然にポジティブになることができます。また「気持ちよい瞬間」は五感に訴えかけるものを選ぶのがポイントです。たとえば視覚だけでなく「気持ちよい手触り」「いいにおい」「大好きな音楽」「おいしい料理」など、なんでもOKです。

CHAPTER 3

イライラワードを言われたらこう言い換えよう

職場編

> 上司や先輩、部下などに言われたひと言に感情的になってはダメ。今後の関係を悪化させないためにも上手に切り返そう。

CASE① 会社で上司に言われたイライラワード

どうして教えてもできないんだ！

慣れない仕事で失敗の連続。堪忍袋の緒が切れた上司が繰り返しこんな言葉を投げかけてきました。でも「こんな難しい仕事を押し付ける方が悪い」と思ってしまう一コマです。

こう言ってはダメ！

「自分には無理です」
「がんばってもうまくいかなくて」

あきらめや言い訳のような言葉では、相手の心を逆なでしてしまいます。また「自分がうまくできないのは、上司の教え方が悪いんだ」と考えて相手を責める言葉を返したくなりますが、それもNGです。相手のせいにしてもなんの解決にもなりません。

↓

こう言い換える！

「もっと努力しますので具体的なご指導をお願いします」

「前向きな姿勢だな」と受け取られる発言です。また「具体的」と入れることで、より細かい指導が期待できます。なによりこの発言は「自分を頼っているな」と相手に思わせることができ、人間関係も良好にすることが可能なのです。

他にもこんな言い方が

**「自分は要領が悪くご迷惑をおかけしました。
次はできるようにしますので、細かいご指導お願いします」**

CASE② 会社で上司に言われたイライラワード

君って、頭悪いね。

仕事の手順を間違えて、やり直すことになってしまった。すると上司からこのような言葉を浴びせられた。元々口の悪い上司だとは分かっていたが、さすがにこの言葉にはイラッとしてしまった。

こう言ってはダメ！

「頭が悪いとはなんですか！」
「そちらだって頭悪いでしょ！」

「頭が悪い」は人格を否定する言葉です。しかしながらこのような反応では、相手も「失敗したくせに口答えするのか！」と逆上する可能性があります。ここは聞き流すか、相手に具体的な説明を求める必要があります。

こう言い換える！

「では段取りよく進めるには
どうすればよいのか教えてください」

相手の発言は受け流して、「どうすればよいのか」アドバイスを求めましょう。冷静になることで、仕事をうまく進めることができます。またあまりにも言い方がひどい場合には、下の例のように切り返しましょう。

他にもこんな言い方が

**「頭が悪いというのは傷つく言葉ですからやめてください。
それより具体的なアドバイスをいただけませんか？」**

CASE ③ 会社で上司に言われたイライラワード

まったく君は根性が足りないな！

新しい商品の売り込みでいくつか会社を回ったが、どこも「うちはいま間に合っていて…」と門前払い。ヘトヘトになって自社に戻り、部長に報告したところ、あきれ顔でこんな言葉を投げかけてきた。

こう言ってはダメ！

「なに言ってるんですか。根性だけでどうこうなる問題じゃありません」

このようにケンカ腰で相手に接しては、さらなる上司の怒りを買ってしまいます。また「それなら部長、やってくださいよ」と相手に振ったり、「商品の質が悪いんですよ」などの責任転嫁もNG。話が建設的な方向に向かいません。

↓

こう言い換える！

「どうすれば相手の興味を引くか部長のご意見を教えてください」

相手は部下が思うように成果を挙げられないことでイライラし、感情的になっています。そこで同じように感情的になるのではなく、あくまでも冷静に具体的な話に持っていくことで、相手を落ち着かせることができます。結果、あなたのイライラも減少するはずです。

> 他にもこんな言い方が

「確かに私の努力も足りなかったかもしれません。具体的にどこが足りないのか相談に乗ってもらえませんか？」

CASE ④ 会社で上司に言われたイライラワード

この仕事、君には向いてないんじゃないか？

新しく任された仕事。こちらは一生懸命がんばっているつもりだが、何かとミスをしてしまう。上司も最初は「まあしょうがないね」と言っていたのだが、しまいにはあきれた顔でこう言ってきた。

こう言ってはダメ！

「そ、そうですか…」
「教え方も悪いんですよ」

委縮して「そうですか」と認めてしまってしまっては元も子もありません。また後者のようにふてくされて反論するのもNGです。「仕事が向いていない」というのは相手の決め付けですから、うまく切り返して相手の誤解を解く必要があります。

↓

こう言い換える！

「向いてないというのは実際にはどんなところでしょうか？」

相手に具体的にどこがまずいのか質問して、その部分を直す必要があります。この後に「ではどのように仕事を進めたらよいでしょうか？」とアドバイスを求めるとよいでしょう。自分を卑下する必要はありません。

他にもこんな言い方が

**「慣れない仕事なのでご迷惑をおかけしました。
ヤル気はありますので、具体的にご指導ください」**

CASE⑤ 会社で上司に言われたイライラワード

こんなんじゃ、担当代わってもらうよ。

新しい仕事の担当になったが、トラブルの連続で四苦八苦。原因は自分だけにあるのではないのだが、担当者として非常に気が重い毎日。そんなときに上司がこんな言葉を投げかけてきた。

こう言ってはダメ！

「じゃあ変えてくださいよ！」
「僕だけが悪いんじゃないです」

このような言葉は一種の「責任放棄」と受け取られてしまいます。結果的に担当を変えられてしまっては、あなたの怒りはさらに増すだけです。そもそも「担当を変える」は脅しのニュアンスを含む言葉ですから、それに応じてはいけません。

こう言い換える！

「ご期待に応えたいので
アドバイスをいただけませんか？」

「さまざまな原因がある」ことを具体的に伝えましょう。そして問題解決のため相手に協力を仰ぐのがベストです。またその際は自分はヤル気があり、一生懸命がんばっていることも伝えるべきです。できるだけ穏やかな口調で話しましょう。

他にもこんな言い方が

「仕事がうまくいってないのは認めます。ただこの仕事にやりがいを感じているので、ご指導よろしくお願いします」

CASE ⑥ 上司や取引先に言われたイライラワード

これはボツだね！

企画書や見積もりを上司や取引先に提出して全否定されることはよくあります。そんなときは誰でも一瞬にしてカッとなるものですが、感情のままに発言すればあとで後悔することに…。

CHAPTER 3 イライラワードを言われたらこう言い換えよう（職場編）

こう言ってはダメ！

「では、もうどうしようもないですよ！」

そう答えるのも無理はありませんが、そこで自分のプランを引っ込めたり、投げやりになるというのは建設的ではありません。下手すれば「こいつはヤル気がない」「適当な人間だ」とレッテルを貼られてしまいます。

こう言い換える！

「どこがダメなのか詳しくご意見をお聞かせ願いますか？」

相手は感情的に「ボツだ！」と言っているので、それを落ち着かせ、話の突破口を作ることが大切です。その上で、どこが悪いのか細かく聞きましょう。また「なんとかこの案を通してやろう！」と考えれば、イライラがモチベーションに変わります。

> 他にもこんな言い方が

「問題点が多くて申し訳ございません。私では力不足なので、お知恵をお借りできないでしょうか？」

CASE ⑦ 会社で上司に言われたイライラワード

普通連絡を入れるのが当たり前だよね。

「普通〜が当たり前」というフレーズには、「どうして君は普通のことができないんだ？」「君は普通じゃないよ」という強い非難、人格否定のニュアンスがこめられています。

こう言ってはダメ！

「そうは言っても、来客で連絡が入れられなかったんですよ」

たとえ理由があってそれを伝えても、「だったら、こうすればよかったんじゃないの？」と反論されてしまいます。最後には水掛け論になり、険悪な雰囲気になりかねません。ここはひとつ大人の対応をしましょう。

こう言い換える！

「おっしゃる通りですね。次回からは必ず連絡します」

まず連絡を入れなかったことを素直に詫びましょう。そして今後は気をつけるということを伝えます。どうしても連絡できなかった理由を話しておきたいときには、あとで相手の怒りが鎮まった時点で「じつは…」と伝えるのがよいでしょう。

 他にもこんな言い方が

「連絡をしなければいけないということは分かっていたのですが、実際の行動が伴わずご迷惑をおかけしました」

CASE ⑧ 会社で上司に言われたイライラワード

できないの君だけだよ。

これも攻撃型キャラの常套句です。できない人は他にも大勢いるはずなのに、「お前だけがダメだ」と、人格否定をしてきます。一瞬にしてイラッとする言葉ですが、どう切り返せばよいのでしょうか?

CHAPTER 3 ‖ イライラワードを言われたらこう言い換えよう(職場編)

こう言ってはダメ!

「すみません…(無言になる)」
「どうしてもうまくいかなくて…」

無言になったり、弁解をするのでは、相手のイライラは治まらず、さらにひどい言葉を浴びせられる可能性があります。また「他の人だって…」と他人を引き合いに出すのもNGです。「こいつは自分の失敗を棚に上げて…」と印象が悪くなってしまいます。

⬇

こう言い換える!

次からはできるように
一生懸命がんばります。

事実と相手の思い込みを分けて考える必要があります。つまり「僕がミスしたのは事実だけど、できないと言われているのは上司の勝手な思い込みだな」と区別します。そうすれば相手の言葉を聞き流す「余裕」ができます。その場は前向きな発言を返しておきましょう。

> 他にもこんな言い方が

「次から慎重に仕事を進めますので、
失敗がないようにアドバイスをいただけませんか?」

037

CASE⑨ 会社で上司や同僚から言われたイライラワード

そんなことも知らないの？

「えっ、ほんとですか？」と聞くと「そんなことも知らないの？」と返してくる上司や同僚。これと似た言葉で「分かります？」というのがありますが、どちらもイラッとする言葉です。

こう言ってはダメ！

「バカにしないでくださいよ」
「なに言ってるんですか」

「知ってますよ！」「分かってますよ！」とマジメに反応すれば、「なに怒ってるの？」と相手に言われてしまう可能性が大。こちらは返す言葉がなく恥ずかしい思いをします。「これは相手の言葉グセだな」ぐらいに考えておきましょう。

↓

こう言い換える！

「それは知りませんでした。
詳しく教えてください」

知らなかったことは事実なのですから、自分を取り繕うことはせず、「すみません、知りませんでした」と正直に告げて、聞くべきことを聞くのがよいでしょう。素直な態度で接すれば、相手も親身になって教えてくれるはずです。

> 他にもこんな言い方が

「私の勉強不足でした。詳しいことを知りたいので、
ぜひ教えていただけないでしょうか？」

CASE ⑩ 会社で上司に言われたイライラワード

君の話はさっぱり分からないね。

企画のプレゼンや業務に関する説明をしても「さっぱり分からないね」と返してくる上司。「そちらの理解力がないんだろう」とカチンときてしまいますが、それではせっかくの企画も通りません。

こう言ってはダメ！

「ですから、これは…」

世の中にはまず「否定」から話に入る人たちが大勢います。このタイプは他にも「話にならないね」「ダメだね」といった言葉を使ってきます。それに対して「ですから」「でも」といった言葉で返すのはNGです。相手はさらにこちらを否定してきます。

↓

こう言い換える！

「私の説明不足でした。分からない点を具体的に教えてください」

自分の企画を否定されて一瞬ムッとしますが、そこはガマン。相手に理解させる努力に意識を移します。どこがどう分からないのか、相手に質問して答えを求めるようにします。相手が質問してきたらしめたものです。ひとつひとつ丁寧に説明しましょう。

> 他にもこんな言い方が

「説明の仕方が悪くて申し訳ありません。分からない点を具体的に教えていただけると助かります」

CHAPTER 3 ｜ イライラワードを言われたら こう言い換えよう（職場編）

CASE ⑪　会社で上司に言われたイライラワード

後で検討してみるから。

仕事上の問題に対して判断を先送りにする上司。真剣に仕事に取り組めば取り組むほど、この言葉には怒りを感じるはず。言葉を真に受けてただ待っているのではイライラが募るだけです。

こう言ってはダメ！

「この前もそう言いましたね」
「分かりました。お待ちします」

「後でというけど、どうせ検討しないだろう！」と思っていても、実際はなかなか言えないもの。「この前もそう言って、検討していただけませんでしたね」と相手を責めるような言い方では角が立つし、「お待ちします」では、いつまでも待たされることに。

↓

こう言い換える！

「お忙しいでしょうが、結果はいつお知らせいただけますか？」

結果を待つ間イライラしないために、相手に具体的なことを約束させてしまうのがベストです。「いついつまでに結果を出してくれるのか」を上司に自ら言わせるようにしましょう。またその際は必ず「お忙しいところ申し訳ありませんが…」と一言添えましょう。

> 他にもこんな言い方が

「お手数おかけします。
お返事はどんな形でいただけるのでしょうか？」

CASE⑫ 会社で上司から言われたイライラワード

どうせ口だけでしょ。

こちらが「明日までに企画書を仕上げます」とか「営業成績を上げます」など意欲を見せているのに、それに水を差す人たちがいます。ヤル気まで削いでしまうイライラワードへの対処法は？

こう言ってはダメ！

「なぜそんなこと言うのですか？」
「そんなに信用ないんですか？」

世の中にはこのように「口の悪い人」というのはどこでもいるものです。それにいちいち怒っていたら体がもちません。ましてや「僕ってそんなに信用がないのかな…」と落胆していては、仕事に大きな影響が出てきてしまいます。

↓

こう言い換える！

「見ていてください。期待に添えるようにがんばります」

「それなら期待しないでください」というようなイヤミはNGです。悔しさをバネにしてがんばろう、相手を見返してやろう――と考えて、その気持ちをストレートに言葉に表しましょう。このように宣言することで「ヤル気」が出てきます。

他にもこんな言い方が

「努力が足りず、そういうこともあったかもしれませんが、今回はがんばりますので、よろしくお願いします」

CASE ⑬ 会社で同僚から言われたイライラワード

こっちも忙しいんだよ。

比較的ヒマそうにしている部内の同僚に仕事の手伝いをお願いしたら、こんな言葉が。カッとなって「こっちだって忙しいんだよ」と同じ言葉で返したら元も子もありません。

こう言ってはダメ！

「手伝ってもらわなきゃ困ります」「手伝ってくれないんですか？」

「余裕があるなら手伝ってくれよ」と正論をぶつけてみても、うまく逃げられるか、下手したらケンカになってしまいます。ここは相手に手伝わせる策を考える方が賢明。相手を詰問するような言い方はNGです。

↓

こう言い換える！

「忙しいでしょうが、どの部分なら手伝ってもらえますか？」

「忙しいのは分かります」と、まず相手に共感を示すことが大切です。そして「どの部分なら？」という質問で、相手にうまく仕事を依頼します。さらに「こちらの仕事もお願いできませんか？」と追加の仕事を頼むのも手です。

> 他にもこんな言い方が

「○○さんに手伝っていもらえると、非常にスムーズに進むのですが、お願いできませんか？」

CASE ⑭ 会社で同僚から言われたイライラワード

仕事の邪魔しないでくれる？

どうしても確認しなくてはいけないことがあるので同僚に声をかけたら、こんな返事が…。腹立たしいのはもっともですが、その場で退散してしまっては、自分の仕事に支障が出てしまいます。

こう言ってはダメ！

「邪魔とはなんですか！」 「こっちだって急ぎなんだよ！」

「邪魔」というのはじつに腹立たしい言葉ですが、ここは一旦冷静になるべきです。なぜなら頼みごとをするのはこちらなので、多少下手に出なければ相手の協力が得られないからです。自分の都合を相手に押し付けるような発言はNGです。

↓

こう言い換える！

「仕事が大変なんですね。でもほんのちょっとだけ時間をください」

相手の事情を察してあげることが解決策になります。「この人も仕事で大変なんだな」と考えてみましょう。そこからスタートすれば、相手がちょっと手を休めてくれる可能性が出てきます。「売り言葉に買い言葉」はビジネスの現場では厳禁です。

他にもこんな言い方が

「仕事の邪魔してごめんなさい。あなたじゃないと分からないことだから、ぜひとも確認をお願いします」

CASE⑮ 会社で同僚から言われたイライラワード

どうせヒマでしょ、だったら〜して。

前ページとは立場が逆のパターン。忙しい仕事の合間、ちょっと休んでいるときに、こんなことを言われてカチン。そしてつい「忙しいんだよ」と声を張り上げてしまうシチュエーションです。

こう言ってはダメ！

「こっちは忙しいんだよ」
「どうせってなんだよ」

「どうせ」という言葉、相手は軽い気持ち、冗談のつもりで使っても、じつに腹立たしい一言です。でもこの言葉に反応してはいけません。こちらも軽く受け流すぐらいの余裕が必要です。感情的になってしまうと、「あの人は怒りっぽい」という評判が立ってしまいます。

こう言い換える！

「こちらは○○で手一杯なんだ。手伝いたいんだけど無理だよ」

まず冷静に自分の状況を伝えることが大事です。続いて「本当は手伝いたいんだけど」という気持ちを添えると相手に好印象を与えます。社内でわざわざ敵を作る必要はありません。しっかりと、しかも丁寧に、こちらの状況を相手に伝えましょう。

> 他にもこんな言い方が

「もっと早く声をかけてくれれば手伝えたのに。いまは無理だけど、また言ってね」

CASE⑯ 会社で部下から言われたイライラワード

でもこのやり方じゃできませんね。

部下に仕事の指示をしたら「でも」「だって」「どうせ」といった言葉の連続。聞くたびに腹が立ってしまうのも分かります。こんな部下にはどのように対処したらよいのでしょうか？

こう言ってはダメ！

「でも」とか「だって」とか言い訳をするんじゃない！

部下を甘やかし過ぎだな。もっと厳しくいこう――と考えがちなこのシーン。相手の「ヤル気」を引き出したり、「反抗的な性格」を改めさせるのが目的ですが、頭ごなしに怒っては逆効果です。ふてくされてしまい、ヤル気まで失ってしまうかもしれません。

↓

こう言い換える！

「じゃあ、あなたはどうやったらできると思う？」

この言い方で相手に「選択権」を差し出してみましょう。部下は上司からの押し付けではなく、自分で考えることによって、前向きな姿勢になっていきます。その結果、さまざまな対応策が生まれ、あなたのイライラもなくなります。

> 他にもこんな言い方が

**「君が言うことにも一理あるね。
それならぜひとも代案を出して欲しいな」**

CHAPTER 3 ‖ イライラワードを言われたらこう言い換えよう（職場編）

CASE ⑰　会社で部下から言われたイライラワード

部長、それもう古いですよ。

企画会議を行っていて、自分のアイデアを話したら、部下が「それって古いですよ」「時代遅れですよ」とイライラワードを投げかけてきた。その言葉に一瞬で怒りが湧いて…。

こう言ってはダメ！

「古いとはなんだ！ 失礼な」「バカにしてるのか!?」

これは若い人が使いがちなイライラワードですが、カッとなって反論するのでは、「大人げなかったな」と、後々恥ずかしい思いをすることになります。このような言葉は軽く受け流して、大人の対応をすることが必要です。

↓

こう言い換える！

「じゃあ逆に君の意見を聞いてみたいな」

この際「古い」と言われたことは忘れましょう。その上で相手に意見を求めるようにしましょう。また「古いものにも使えるものがあるよ」と自分の経験を元に、具体的に自分のアイデアの長所を相手に伝えるのもよいでしょう。

> 他にもこんな言い方が

「『温故知新』という言葉もあるように、古いものに目を向けることも必要だよ」

CASE ⑱ 会社で部下から言われたイライラワード

なんで僕の仕事ばかり大変なんですか？

どんなに平等に仕事を割り振っていても、「自分だけ大変だ」と感じる部下が必ずいるものです。そうした不満はなかなか消すことができません。何度も説得しているうちに、あなたのストレスも溜まり…。

こう言ってはダメ！

「文句を言わないで黙って仕事しろ！」

頭ごなしに怒鳴るのでは、逆にあなたの人間性が疑われてしまいます。このような言動では部下がついてくることはなく、結果としてチームの成績は上がりません。

↓

こう言い換える！

「どんな点が大変なのか、具体的に教えてくれないかな」

「仕事は平等に割り振っているつもりだ」と説明した後で、相手の不満を細かく聞いてあげましょう。そして具体的な解決策を提示することで、部下の不満を減らしてあげましょう。また「期待してるんだけど」という言葉を使うのも効果的です。

他にもこんな言い方が

「そうか、大変なんだね。君には期待しているから難しい仕事がいっているのかもしれないね」

CHAPTER 3 ∥ イライラワードを言われたらこう言い換えよう（職場編）

CASE⑲ 会社で部下から言われたイライラワード

そこまでやる必要あるんですか？

お世話になった取引先にお礼の手紙を書くように部下に指示。しかし、部下は明らかに面倒くさそうに、こう言ってきた。こちらは部下の評判が高まるようにと考えて言っているのに…。

こう言ってはダメ！

「なに面倒くさがってるんだ。簡単なことじゃないか」

この言葉では「なぜやらなければいけないのか」「それをやることでどんなメリットがあるのか」相手にうまく伝わりません。一度「せっかく言ってあげたのに」という気持ちを脇に置き、「部下はまだ未熟だから」と考えることで、イライラが減少します。

↓

こう言い換える！

「そうすることでどんなメリットがあるか考えてごらん」

このように「相手に考えさせる」ことで、ワンクッション置くことができ、部下も仕事に対し面白さを感じるようになるはずです。これを繰り返せば、部下も仕事に真摯に向き合うようになり、あなたのアドバイスを受け入れるようになります。

> 他にもこんな言い方が

「君が逆の立場だったらどうかな？
きっとうれしいし、相手のことを高く評価すると思うよ」

CHAPTER 4

イライラワードを言われたらこう言い換えよう

プライベート編

> 仕事以外にもイライラさせられる言葉をぶつけられることはたくさんある。そんなときにも上手に返せるテクニックを身につけよう。

CASE① 家族に言われたイライラワード

○△さんはこうなのに、どうしてあなたは〜なの？

他人と比較されるのはじつにイヤなものです。「○△さんはちゃんとやっているのに、なんであなたはだらしないの？」と言われると、ついカッとなって反論したくなります。

こう言ってはダメ!

「どうせ僕は○△さんより ダメな人間だよ！」

この場合、自分の性格を批判されたことよりも、他人と比較されたことの方が強い怒りの原因になっています。相手の「比較」に乗ってしまっては、まともな反論もできません。また自分自身も「他人と自分は違うんだ」ということを再認識する必要があります。

↓

こう言い換える!

「僕は僕なりに努力をしているのでそれを認めて欲しいな」

比較されたときには「自分には自分なりの価値がある」と考えましょう。そうすれば自分の「軸」がブレることはなくなります。その上で、「自分は努力している。ただ比較をされるのは気持ちのよいものではない」と正直な気持ちを伝えましょう。

> 他にもこんな言い方が

**「僕だって一生懸命がんばっているんだよ。
他人と比較されるのはつらいな」**

CASE② 恋人から言われたイライラワード

なんか、ケチだなー。

彼女と食事に行った。その日はあまり持ち合わせがなく「今日は割り勘で」と言ったらこんな言葉が。ついカッとしてしまい、強く言い返してしまった。

こう言ってはダメ！

「ケチとはなんだよ！」
「いつもはおごってるじゃない」

「ケチ」というのは相手の思い込みであり、決め付けです。その言葉にストレートに反応するのはあまりよい方法だとは言えません。また「いつもは〜」というのでは、相手に「押し付けがましい人」と思われてしまいます。

↓

こう言い換える！

「今日は持ち合わせがないんだ。ごめんね」

相手の「ケチ」という言葉は無視して、素直に「今日はお金がない」ということを伝えましょう。プライドもあり「お金がない」とはなかなか伝えづらいものですが、思い切って伝えることで、相手も納得し、あなたのイライラもなくなります。

他にもこんな言い方が

「いろいろ出費がかさんで、ちょっといまは懐が寂しいんだ。今日は割り勘にしてね」

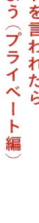

CHAPTER 4 ‖ イライラワードを言われたらこう言い換えよう（プライベート編）

CASE ③ 友達から言われたイライラワード

ほら、やっぱりね。ダメだったじゃない。

このような上から目線の言葉は本当に腹立たしいものがあります。発言者の言葉には「私の意見を聞いていればうまくいったんだよ」という自尊心や優越感が見え隠れします。

こう言ってはダメ！

「なんだよ、偉そうに！」
「やっぱりって、どういうこと？」

自分は失敗しているのですから、反論しづらいのは分かります。ただ、言われて黙っているのは建設的ではありません。また相手の言葉尻をとらえるのもNGです。ここでは自分をポジティブに、正確にとらえる必要があります。

↓

こう言い換える！

「今回は残念だけれども、次はうまくいくと思うんだ」

自分に対しては「ダメなこともあるけど、うまくいくことだってある」と考えてみましょう。相手の思い込みと事実を切り離すことによって、イライラが減っていくはずです。次にうまくいくということを信じることはとても大切なことです。

> 他にもこんな言い方が

「今回はダメだったけれど、
自分はうまくいく方法も知っているし、次はがんばるよ」

CASE ④ 家族や友達に言われたイライラワード

何度も言うけどさ。

ビジネスでは「ですから…」に当たる言葉です。こちらもカチンときますが、同時に相手も相当苛立っているはずです。相手は短気な性格かもしれないので、うまく切り返さないと一触即発の状況に。

こう言ってはダメ！

「そんなに面倒くさがらないでくれよ」

ついつい「何度も言ってくれなきゃわからないよ」と言ってしまいがちな場面ですが、それでは相手が気分を完全に害して、黙ってしまうかもしれません。自分のイライラをなくすためには、まず相手のイライラを鎮める必要があります。

↓

こう言い換える！

「大事なことだから何度も聞くんだ。面倒かけてごめんね」

最終目標は相手の話を理解することなので、さらに説明を求める必要があります。そのためこちらの「カチン」は一旦脇に置いて、相手にねぎらいの言葉をかけ、怒りを鎮めてみましょう。「相手もこちらに伝えたいと思っているんだ」と考えることが大切です。

> 他にもこんな言い方が

「ちょっとイライラするかもしれないけど、
ちゃんと理解したいのでもう一度教えてね」

CHAPTER 4 ∥ イライラワードを言われたらこう言い換えよう（プライベート編）

053

CASE ⑤ 家族や恋人に言われたイライラワード

意味わかんない！

これは若い人がよく使う言葉です。たとえば彼女と旅行を計画していて、仕事で行けなくなったときなど、「中止するのは信じられない」といった意味で、このような言葉が返ってきます。

こう言ってはダメ！

「意味わかんないってなんなんだよ！」

相手の言葉をとらえてこのような切り返しをしては、言い合いになることが考えられます。相手は「旅行に行けないこと」に相当怒っているわけですから、相手の言葉に怒るのではなく、まず丁寧に事情を伝えることが必要になります。

↓

こう言い換える！

「ごめんね。ちゃんと説明するから話を聞いてくれないかな」

「意味わかんない」は相手を拒絶する言葉ですから、あなたは相手に「聞く耳を持たせる」ことが必要になります。一度謝罪した上で、このように切り返すのがベストでしょう。真摯な態度を見せることが大切です。

他にもこんな言い方が

「怒るのはわかるけど、まずは話を聞いてくれない？」
「怒って当然だと思う。きちんと説明させて」

CASE ⑥ 友達に言われたイライラワード

自分勝手だよね。

強く相手を非難する言葉です。人格否定にも近い発言なので、言われた側はたまりません。ずっと心に残ってしまう言葉なので、できるだけその場で反論しておきたいところです。

こう言ってはダメ！

「そんなこと言わないでよ」
「全然自分勝手じゃないよ」

相手はこちらにかなり悪印象を持っているのですから、焦ってただ否定するのでは、何の解決にもなりません。どういうところがそう思うのか、相手に詳しく聞く必要があります。下手に出たり、ただ黙り込むのはNGです。

↓

こう言い換える！

「どこが自分勝手なのか
具体的に教えてくれない？」

どういうところが自分勝手なのか、毅然とした態度で相手に説明を求めましょう。その上で悪いところは謝罪し、向こうの思い違いの部分に関しては冷静に反論するようにしましょう。また「どうすればそういう風に思われなくなるかな」と考えることも大切です。

> 他にもこんな言い方が

「悪いところがあればぜひ直したいので、
率直に言って欲しいな」

CHAPTER 4 ∥ イライラワードを言われたら こう言い換えよう（プライベート編）

CASE ⑦ 妻や恋人から言われたイライラワード

じゃあ勝手にすれば！

相手の反対にあって、なんとか自分の意見を聞いてもらおうとしたら、相手からこんな言葉が…。「そう言われたって」と逆にこちらが委縮してストレスを感じる一言です。

こう言ってはダメ！

「勝手にすると怒るんでしょ？」
「さじを投げないでよ！」

「勝手にすれば」という言葉には「何が起きても知らないよ」というニュアンスがあります。言われた側は言葉とは逆に「勝手にはできないな」と思ってしまうものです。ここでは一度仕切り直しをして、相手を説得する必要があります。

↓

こう言い換える！

「お互い頭を冷やして
もう一度話し合おうよ」

相手は話し合いの場を放棄しようとしているのですから、もう一度引き戻す必要があります。そのため「ちょっと冷静になろうよ」と促すのがベストです。また話し合いの場所を変える、時間をおくなど、言葉以外にも工夫をすることが必要です。

他にもこんな言い方が

「君の言い分も分かるけど、
こちらの事情も少し考えて欲しいな」

CASE ⑧ 友達から言われたイライラワード

その話、つまらないね。

せっかく相手を楽しませようとはりきっているのに、このように話の腰を折られると、本当に腹が立ってしまいます。また、「やっぱり僕の話ってつまらないのかな…」と自己否定に至る場合も。

こう言ってはダメ！

「どこがつまらないんだよ！」
「退屈させてごめんね」

自分の話をけなされたら、誰だって頭に血が上るはずです。でもこれは相手の「単なる口グセ」の場合もあります。真剣に怒るのはバカバカしいと考えた方がよいでしょう。また自分を卑下する必要もありません。

↓

こう言い換える！

「そうか。それは残念だな」

相手の口調にもよりますが、「分かってくれなくて残念だな」ぐらいに考えておきましょう。「無理に相手を面白がらせる必要もない」と自分に言い聞かせて、話題を変えるのがよいでしょう。こういうときは、いちいちひっかかっても仕方ありません。

他にもこんな言い方が

「そうか、つまらなかったか。
じゃあどんな話をしようか？」

CASE ⑨ 友達から言われたイライラワード

それ、気にしすぎだよ。

共通の問題があり、こちらが真剣に心配しているのに、友達はまるで他人事。「お前ももっと考えろよ」「なんて無責任なやつ」と怒るのも分かりますが、それではあなたが疲れるだけです。

こう言ってはダメ！

「もっと真剣に考えろよ」

コアビリーフで説明したように（P13、14）、あなたには「あなたの基準」、相手には「相手なりの基準」があるのです。それを考慮に入れないで、相手に怒ったり、説得したりするのはNGです。まず「相手と自分は違うんだ」と再認識しましょう。

↓

こう言い換える！

「そうか。じゃあ気にしないでおくよ」

まず自分が冷静になって、相手の言うことに耳を傾けてみましょう。その際「どうしてそう思うの？」と理由を聞くことも大切です。その上で、「なるほど、自分は気にしすぎかもしれないね」と相手に伝え、自分自身の言動を振り返ってみるのです。

> 他にもこんな言い方が

「ありがとう。自分は大変なことだと思っていたんだけど。じゃあ君の意見を聞かせてくれる？」

CASE ⑩ 友達から言われたイライラワード

それ、本当？

「それ本当ですか？」と言われたら「ウソ言うわけないじゃない！」と返したくなります。これは言われた側にとってちょっとしたイライラワードです。人によってはかなりの怒りの原因に…。

こう言ってはダメ！

「本当に決まってるだろ！」
「ウソ言うわけないよ！」

実際のところ相手は単なる口グセで言っている場合が多いので、怒る必要はありません。きっとあなたの心に余裕がないせいで、たいした言葉ではなくてもイライラワードに聞こえてしまうのです。もっと心に余裕を持ちましょう。

↓

こう言い換える！

「うん、本当だよ」

あなたは言葉に対して「過敏」になり過ぎています。それはまさにアレルギーと同じ。そのためこのようにつねに考えるクセをつけ、体質改善を行いましょう。「それ、本当？」は単なるあいづちだと考え、受け流すのがベストです。

> 他にもこんな言い方が

「うん、そうなんだ。じつは…」
「知らなかったかもしれないけど、事実なんだよ」

CASE ⑪ 友達から言われたイライラワード

いやだな、面倒くさいよ。

何かと面倒くさがる友達。こちらが困って頭を下げているのに、このようなつれない言葉を返してくる。以前、友達が面倒なことを頼んできたとき、こちらは快く引き受けたのに。そこでこんな言葉が…。

こう言ってはダメ！

「この前やってあげたよね」

何かをやってあげたことに固執しすぎると、あなたは「恩着せがましい人」だと思われてしまいます。もしかしたら相手はかなり忙しいのかもしれません。ここでは一旦「相手にしてあげたこと」を忘れて、相手の事情を考えるようにしましょう。

↓

こう言い換える！

「分かった。タイミングが合ったらまた手伝ってよ」

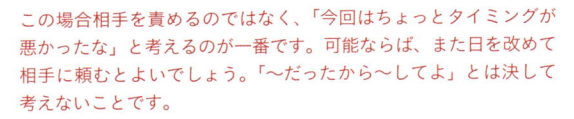

この場合相手を責めるのではなく、「今回はちょっとタイミングが悪かったな」と考えるのが一番です。可能ならば、また日を改めて相手に頼むとよいでしょう。「〜だったから〜してよ」とは決して考えないことです。

> 他にもこんな言い方が

「そっか、それは残念だな。君だからこそお願いしたかったんだけどね。また都合のよいときを教えてね」

CASE ⑫ 夫から言われたイライラワード

疲れてるから、後にしてくれない？

相談をしたいのに、「疲れてるから…」と逃げられる光景は家庭でよくあるイライラシーンです。とくに夫から妻に投げかけられることが多く、さまざまな相談が後回しにされて不満が募ります。

CHAPTER 4 ｜ イライラワードを言われたらこう言い換えよう（プライベート編）

こう言ってはダメ！
「あなたはいつもそうね」
「少しは家庭のことを考えてよ」

ついこのように言ってしまいがちですが、決め付けはストレスを増やすだけです。何かと相手に当たるようになり、口げんかも増えて状況は悪くなるばかりです。とくに相手を追い詰めるような発言は控えましょう。

↓

こう言い換える！
「そっか、じゃあ疲れてないときに話すね」

面倒くさがる相手を説得するには工夫が必要です。基本的には相手が気分がよいときに声をかけるのがベストですが、「よし、知恵を絞ろう」と考えることで、イライラは半減します。上のような言い換えなら相手は「自分を気遣ってくれているな」と思うはず。

他にもこんな言い方が

「大事なことだからじっくり話し合いたいのよ。
都合のよいときを教えてね」

061

CASE ⑬ 妻や恋人から言われたイライラワード

あなたは全然私をかまってくれない。

こちらはいろいろと気を使っているつもりでも、彼女はもっとかまって欲しいという。「なんてワガママなんだ」「どこまでやれば満足なんだ」と思ってしまいますが…。

こう言ってはダメ！

「この前も○○に連れていってあげたじゃないか」

女性の側からすれば「それで済ますの？」と思ってしまう発言です。「やってあげてるのに…」はNG。まず人によって「十分」のレベルが違うことを頭に入れてください。そうすれば相手が本当はどんなことを求めているのかおのずと分かってくるはずです。

↓

こう言い換える！

「じゃあ、できるだけ希望を聞くから話してみて」

仕事で忙しく余裕がないと、「じゃあ、ここに行くのはどう？」とついつい相手の希望をないがしろにして、自分の希望に誘導しがちになります。そうではなく相手の希望をじっくり聞くことが大切です。そして「どうしたら喜んでくれるのか」を考えましょう。

他にもこんな言い方が

「そんなつもりはないんだけど、結果的にそうなってごめんね。もっと気にするようにするよ」

CASE ⑭ 親から言われたイライラワード

親の言うことは ちゃんと聞きなさい。

親というものは「話が長い」「くどい」ものです。ついついイライラしてしまい、「そんなことどうでもいいでしょ」と投げやりな態度を取ってしまいます。しまいには親子ゲンカに発展することも。

こう言ってはダメ！

「もう分かったよ」
「いちいちうるさいよ」

親とはそもそも頑固なものです。じっとガマンして聞くのですが、それにも限界があります。うまく逃げようとしてもまた顔を合わせると小言が始まるはずです。このように返してしまったら親は傷つくか、さらに小言が激しくなるだけです。

↓

こう言い換える！

「そうだね」
「分かってるよ」

まず「親は心配してくれているんだな」と考えましょう。また親は最後まで話を聞いてくれると満足します。反論せず上手にあいづちを打ちながら終わりまで聞いてあげましょう。どうしてもガマンできないときは、頭の中で違うことを考えてやり過ごしましょう。

> **他にもこんな言い方が**

「いつも心配かけてごめんね。
これからもアドバイスしてね」

CHAPTER 4 ｜ イライラワードを言われたらこう言い換えよう（プライベート編）

CASE ⑮ 知人に言われたイライラワード

〜のくせに◯◯なんだね。

「女のくせに◯◯だね」「稼ぎが少ないのに◯◯するんだね」など、「〜のくせに…」「〜なのに」という言葉は偏見に満ちたイライラワードです。このような言葉にはどう対処したらよいのでしょうか？

こう言ってはダメ！

「そうかな…」
「自分は間違ってるかな…」

相手の言葉にショックを受けて、自分自身を疑問視したり、落ち込んだりすることがあるでしょう。しかし相手は「間違ったものの見方」をしているのですから、この言葉自体を気にする必要はまったくありません。

こう言い換える！

「そう思われるのはとても残念です。私のやり方はこうなんです」

この場合、「残念だけど、世の中にはこういう人もいるんだな」と思うしかありません。あまりにも相手が自分と違うようであれば、ときには相手の言葉を聞き流すことも必要です。自分が「残念に思っている」ことを伝えるだけに留めましょう。

> 他にもこんな言い方が

「私は私なりの考えがあって、このようにしています。
理解していただけると嬉しいのですが」

CHAPTER 5

ついイライラワードを言ってしまいそうになったらこう言い換えよう

職場編

> 感情のおもむくままにイライラワードを言ってはダメ。同じ内容を伝えるにしても、相手の心に届く言い換えワードを学ぼう。

CASE① 上司に新規開拓をしろと言われた。

売り上げが下がって、上司が新規開拓をしろと言ってきた。ところが、業界全体の売り上げが悪くどこに売り込みに行っても、話すらなかなか聞いてもらえない。「それでもなんとかがんばれ」と言われて、こう切り返した。

言いがちワード

「とりあえずやってみますが
ダメかもしれません」

「とりあえず」という言葉はポジティブにもネガティブにもなる言葉です。この場合、後に「ダメかもしれません」と続くので、ネガティブな言葉と言えるでしょう。

↓

こう言い換えてみよう

「まずはやってみて
新たに作戦を練ってみます」

この場合はポジティブワードです。これなら「ヤル気がある」と上司が判断するでしょう。たとえ無理だと分かっていても、「できるだけやってみる」という姿勢を見せることがビジネスでは大事です。

> 他にもこんな言い方が

「今は非常に状況が厳しいですが、自分のできることはやっておきたいと思います」
「この業界の人はみんな大変だと言っています。でも逆境はチャンスだと思いますので、なんとかがんばります」

CASE② 部下が取引先の人を怒らせてしまった！

部下が商談に遅刻をして、取引先の人を怒らせてしまった…。いくら目を光らせていても、部下は思いがけないトラブルを起こすものです。このとき上手な言い方を部下にしないと、あなたの評判も地に落ちてしまいます。

言いがちワード

「なんとかしろよ！」

感情的でしかも「責任逃れ」とも受け取られかねない言葉はマズい対応です。部下は「僕が悪いんだけど、この人はすべてこちらに責任を押し付けてくるんだな」と考えます。同僚に言いふらすことも。

↓

こう言い換えてみよう

「どうすればいいのか一緒に解決策を考えようよ」

まずこの件で起こり得る最悪の状況を相手に認識させましょう。その上で突き放すのではなく、「一緒に…」と手を差し伸べる言葉を投げかけます。あなたへの部下の信頼感もアップするはずです。

他にもこんな言い方が

「一生懸命謝罪すれば相手も分かってくれるよ」
「落ち込むくらいなら、何か対策を一緒に練ろう」
「俺も昔、同じような失敗をしたよ」
「事態は最悪だけど、何か突破口があるよ」

CHAPTER 5 ついイライラワードを言ってしまいそうになったらこう言い換えよう（職場編）

CASE ③ 部下のミスのせいで仕事に影響が出た。

数人で進めている重要な仕事で、部下がミスをしたため、やり直しが生じてしまった。タイトなスケジュールで慎重に進めてきたこともあり、チームリーダーであるあなたはすぐに部下を呼びつけ、次のように叱責した…。

言いがちワード

「いままでの苦労が
すべて台無しだよ！」

人は物事を誇張して言ってしまいがちです。この発言はその典型で、一種の「思い込み」です。部下はきっと「それほどのことか？」と反発を覚えるでしょう。

↓

こう言い換えてみよう

「ミスが原因で〜になっている
から今後は十分に気をつけてね」

部下を注意するときは事実と思い込みを分けましょう。そして、できるだけ冷静に伝えることが大切です。また「現状はこうなっているんだよ」と正確に伝え、相手に理解させましょう。

> 他にもこんな言い方が

「些細なミスでも全体に影響が出るから気をつけてね」
「もっと全体の進行を考えて慎重に行動しよう」
「自分がなぜミスをしたのか、よく考えてみて」
「君もチームの一員なんだから、もっと責任を自覚しようよ」

CASE ④ トラブルを報告しなかった部下を注意したい。

仕事でちょっとしたトラブルがあったのに、部下が報告をしなかった。今回はとくに大事に至らなかったが、何かあったときに上司が何も知らなかったでは済まされない。なんとか部下にちゃんと報告する習慣をつけさせたいのだが。

言いがちワード

「なんで
すぐに報告しなかったの？」

「なんで」という言葉は原因の追究ですが、責めるニュアンスがあります。二度と同じことを起こさないために原因を追究することは大切ですが、やり過ぎると尋問になってしまいます。

↓

こう言い換えてみよう

「どうしたら次は
報告できるようになるのかな？」

このように、過去を責めるのではなく、「未来について」聞いてあげましょう。相手に自ら考えさせ、具体的な案が出てくれば、あなたのイライラも減っていきます。

> 他にもこんな言い方が

「トラブルを報告しないとどんなことになるのか、今後のために自分自身で考えてみて」
「これが逆の立場だったら、どう思うのか、どんなところが困るのか考えてみようよ」

CHAPTER 5 ‖ ついイライラワードを言ってしまいそうになったらこう言い換えよう（職場編）

CASE⑤ 新しい部下が仕事を ちゃんとやってくれない。

前に仕事を担当していた部下は、仕事も丁寧できちんとこなしていたのに、新しい部下は正反対。仕事も雑だし、時間にルーズだし…。どうにか前任者レベルの仕事をして欲しいのだが…。こんなときどういう注意の仕方をすればいい？

言いがちワード

「前の人はちゃんとできたのに」

このように他人と比較して注意するのは非常によくないやり方です。部下は「どうせ前の人に比べて自分は劣っているよ」と卑屈な気持ちになって、反抗心を抱いてしまいます。

↓

こう言い換えてみよう

「まだ慣れないだろうけど もっと正確な仕事を心がけてね」

まず「慣れないからしょうがないけど」と相手に一定の理解を示す必要があります。その上で「正確に」「丁寧に」など、どのように仕事をして欲しいのか、具体的に伝えることがベストです。

他にもこんな言い方が

「これは「○○」が要求される仕事だから、そのことをもっと心がけてね」
「いままでやってきた方法を参考にすると、もっと仕事がラクになると思うよ」

CASE ⑥ 仕事中スマホをいじる部下を
なんとかしたい。

みんなが集中して仕事をしているのに、隠れてスマホをいじっている部下。それも今回だけではなく、しばしばそんな姿が見受けられる。他の社員にも示しがつかないし、ここはひとつきつく言ってやりたい…。

言いがちワード

「くだらないことを
やってるんじゃない！」

「くだらない」というのは、あなたの主観的な言葉です。怒るときの言葉としては適当ではありません。「就業中には好ましくない」ということを、もっと客観的に伝えなければなりません。

↓

こう言い換えてみよう

「スマホは休憩時間にして、
就業時間内は仕事に集中しよう」

このように「して欲しいこと」を明確に伝えることが大事です。また長々と説教をせず、ビシッと手短に伝えるのがベスト。ダラダラと注意するのは逆効果です。

他にもこんな言い方が

「スマホでラインやメールをするのはプライベートなことなので、就業時間外にしてね」

「スマホをいじっていると、周りの人の気も散るし、よくないね。もっと仕事に真剣に取り組んで欲しいな」

CHAPTER 5 ‖ ついイライラワードを言ってしまいそうになったらこう言い換えよう（職場編）

CASE ⑦ 打ち合わせ中、部下にイライラする。

返事はいいのだけれど、あとで確認すると何も分かってない部下。説明のしがいがなく…。打ち合わせをしていても「こいつ本当に分かっているのか？」とついイライラしてしまう。そんなときはどんな言葉をかけたらいい？

言いがちワード

「本当に意味分かってるの？」

「分かってる？」は相手にとってはバカにされた気分になる言葉です。「こいつはきっと分かってないな」という先入観、つまり心のメガネから出てくる言葉なので、注意が必要です。

↓

こう言い換えてみよう

「ここまでで何か分からないことはないかな？」

説明や打ち合わせは区切りを入れて、タイミングを計り、このように聞くのが効果的です。またとくに重要なところに関しては、「ここは大切だから分からなかったら言ってね」と念を押すとよいでしょう。

他にもこんな言い方が

「分からないことがあったら、小さいことでも遠慮せずになんでも聞くようにしてね」
「よく理解しないと必ずトラブルが起きるから、確認しながら進めるようにしてね」

CASE⑧ 部下が所かまわず質問を浴びせてくる。

「あのー、ちょっといいですか」と部下が所かまわず仕事の話をしてくる。それも食事中や休憩時間など、こちらがホッと一息ついているときに。相手はこちらに気を使う様子はまったくなく、聞いて当然だ、という顔をしているのだが…。

言いがちワード
「いま休憩中なんだよ。後にしろよ！」

ついこのように言ってしまう気持ちは分かりますが、相手は「仕事のことだから聞いて当然」と思っている節があります。厄介払いすれば、相手は「なんだよ…」とふてくされてしまいます。

こう言い換えてみよう
「仕事のことは休憩時間じゃないときに聞いてくれないかな？」

「質問は仕事をしている時間に受け付ける」というあなたの「基準」を相手にはっきりと示しましょう。しかもイライラしながらではなく、穏やかな調子で伝えることが大切です。

他にもこんな言い方が

「いまはメモも取れないし、すまないが仕事をやっているときに改めて質問してくれないかな？」
「休憩中だと落ち着いて答えられないから、後でもう一度来てくれないかな？」

CASE ⑨ 仕事を任せた部下が大きな失敗をした。

部下を育てるために「自由にやっていいよ」と仕事を任せることはよくあります。ところが期待したような結果にならなかったり、部下が大きな失敗をしたときには、ついこう言ってしまいたくなります。

言いがちワード

「全部君の責任だよ」

「全部〜」というのは一種の「決め付け」です。彼に期待したのに裏切られた、という思いが強くこのような感情的な発言になるわけですが、ここでも事実と思い込みをしっかり分ける必要があります。

↓

こう言い換えてみよう

「どうすれば次はうまくいくのか考えてみようよ」

相手を責める発言はやめて、どうすれば今回の失敗をバネにできるか相手に考えさせましょう。相手が前向きな姿勢になれば、あなたのストレスも減るはずです。

他にもこんな言い方が

「自分の責任を自覚して、どこがどうよくなかったか、次にどうすればいいのか考えてみて」
「決して君だけの責任ではないよ。
対策を2人でじっくり考えてみようよ」

CASE ⑩ 誰が悪いのか、責任のなすりつけ合いになった。

社内の共同プロジェクトで大きなミスが発覚した。原因がはっきりしないため、社員の間で責任のなすりつけ合いに。部の代表であるあなたは、他部署の責任者に「そちらが悪いんじゃない？」と言われ、ついカッとなってしまった。

言いがちワード

> 「いや、なにを言うんですか。そちらのミスじゃないの？」

これではただの水掛け論になってしまいます。ああ言えばこう言う…で、相手のレベルに合わせていたら、まったく前に進みません。上手な言い換えが必要になります。

↓

こう言い換えてみよう

> 「まだ原因が分からないのだから断定するのはやめましょう」

ポイントは「相手を非難しないこと」と「相手に責任を押し付けないこと」です。こうした大人の対応は、発言者の品格を高めます。激高せず、あくまでも冷静な口調で話しましょう。

他にもこんな言い方が

「お互い困った立場にいるのは一緒です。ここは協力して、原因を究明しませんか？」

「誰が悪いという犯人探しはあまり感心できません。もっと対応策の方に重点を移しませんか？」

CASE⑪ 部下が商品の発注ミスをしてしまった。

部下が商品の発注ミスをしてしまい、納期まで顧客の元に届かないことが分かった。早速部下を呼びつけ事情を聞いたが、完全にこちらのミスらしい。対応策もすぐには思いつかず、部下に対してついこう言ってしまった…。

言いがちワード

「困るんだよね。そういうことをされてしまうと…」

これはイライラや困惑がストレートに表れた言葉です。つい口にしてしまうセリフですが、部下を責めるニュアンスがありNGです。相手はただただ委縮してしまいます。

↓

こう言い換えてみよう

「起きてしまったことはしょうがない。対策を考えよう」

部下が慌てふためいたり落ち込んでいては、あなたのイライラも増大します。この言葉で、ひとまず部下を冷静にさせましょう。またこれは自分自身も落ち着かせることができるマジックワードです。

他にもこんな言い方が

「困ったことになったけど、どうしたらいいのかな。
ちょっと冷静になって一緒に考えてみようよ」
「誰にでもこのような失敗はあるものだよ。
でもこのままでは済まないから、早急に対策を考えよう」

CASE⑫ 取り返しのつかない事態が起こってしまった。

商品に不具合がある、という情報が担当部署に入ってきた。下手すれば「商品の全面回収」という事態にもなりかねない。早速部会が開かれ、対策が練られたが、その席上で、課長であるあなたがこんな発言をした…。

言いがちワード

「最悪の事態になったら、いったいどうしましょう…」

これはいわゆる「ネガティブな発言」です。聞く人を不安にさせ、イライラを引き起こします。さらにこの発言を繰り返すことで、問題を大きくしてしまう可能性もあります。

↓

こう言い換えてみよう

「ここはひとつ冷静になって話し合いましょう」

不安やイライラを口にすることで、それが周りに伝染する可能性があります。まずはあなたが冷静になって、周りを落ち着かせることが必要になってきます。

他にもこんな言い方が

「不安なのは分かりますが、現段階ではまだ情報不足です。あらゆる可能性を考えて対策を練りましょう」

「みんな心配しないでください。最悪のケースを考えるよりは、今は対応策を考えましょう」

CASE⑬ 部下が出してきた企画案に満足のいくものがなかった。

部下に新しい商品の販促企画案を数案出すように指示した。ところが部下はいつまで経っても出してこない。しびれを切らしすぐに持ってくるように命じたが、提出してきたのはどれも満足のいかない企画ばかりだった。

言いがちワード

「時間がかかったのに、どれもくだらない企画ばかりだな！」

この発言には「その場しのぎで作ったからくだらない」という先入観が入っています。本来提出が遅れたことと質は切り離して考えるべきです。また「くだらない」という言葉も主観的でNGです。

↓

こう言い換えてみよう

「こちらが求める企画のレベルではないので、再度作って欲しいな」

相手の企画を頭から否定するのではなく、どこがどう悪いのか、またこちらが求めるレベルとはどの程度なのか、丁寧に説明することが大切です。また提出期限を改めて提示しましょう。

> 他にもこんな言い方が

「一生懸命作ったことは分かるが、ちょっとこちらが欲しい企画とは違っているね。改めて一から考えてみて欲しい」

「この企画には○○と△△が足りないね。そのへんを踏まえた上でもう一度作ってみようよ」

CASE ⑭ 部下が同僚の悪口ばかり言う。

口を開けば「あいつはルーズだ」「○○は仕事をいい加減にやっている」と他人の悪口ばかり言う部下。社内では「告げ口魔」と呼ばれている。こちらもいい加減うんざりしてきて、ついこう言ってしまった。

言いがちワード
「もう聞きたくないよ。うんざりだ!」

「悪口は聞きたくない」ということを伝えるのはいいのですが、怒鳴ったり、声を荒げたりするのはNGです。相手は反感を覚え、今度はあなたの悪口を他の人に言うかもしれません。

こう言い換えてみよう
「人の悪口は聞いていてあまり気持ちいいものじゃないよ」

対応は2つです。「悪口を言うのはよくない」と伝えるのか、逆に相手に具体的なことを話させるかです。後者の場合は、以下の例のように話しましょう。

他にもこんな言い方が

「ルーズというのなら、具体的にどんなところがそう思うのか教えて欲しい」
「○○の行動で、何か仕事に差し支えがあるなら、具体的に言ってみて」

CASE⑮ 失敗した同僚を慰めてあげたい。

確認作業を怠り大失敗をしてしまった同僚。「僕は本当にダメな人間だ」と落ち込み、ふさぎ込んでいる。その失敗の影響は、自分にも少なからずあるのだが、いまはとりあえず同僚をなだめ落ち着かせてあげたい。

言いがちワード

「ちゃんと確認さえしてればこうはならなかったのにね」

どうにもできない過去のことを言われると、相手はますます意気消沈してしまいます。相手の元気を取り戻すには、もっとポジティブな言葉を使わなければなりません。

↓

こう言い換えてみよう

「もう起こってしまったことは変えられないよね」

この言葉の後に、「だからこれからがんばろうよ」とつけるのがよいでしょう。このように未来に向けた言葉を使うことで、相手の考え方も自然にプラス思考に変わっていくはずです。

他にもこんな言い方が

「今後は気をつけて、確認作業をするにしようね」
「終わってしまったことは、もう忘れようよ」
「みんな一度や二度の失敗はあるよ。
要はそれをどうバネにするかが大切じゃないかな」

CASE ⑯ 上司の書類に
間違いを発見した。

部長が「この書類を提出しておいてくれ」と言ってきた。ところが目を通してみると、そこに明らかな間違いが…。ちょっと恥ずかしい間違いなのだが、黙って勝手に直すというのも気が引けるしいったいどうしたら…。

言いがちワード

「これ、間違ってますよ」

ストレートな言い方も必要ですが、これでは相手が恥をかく可能性があります。また周りに人がいるのに気にしないで指摘してしまっては、上司の顔が潰れてしまいます。

↓

こう言い換えてみよう

「私の勘違いかもしれませんが、ここは間違ってませんか？」

「自分はよく分からないんだけれど…」とへりくだった言い方なら角が立たないでしょう。ただし、この言葉を伝えるときは、先に触れたように、周りに人がいないところで行った方が無難です。

他にもこんな言い方が

「私の誤解かもしれませんが、部長の書類の中で一部違っているところがあるのですが」
「もし間違っていたらごめんなさい。
○○は△△だとてっきり思っていたのですが…」

CASE⑰ こちらも忙しいのに仕事の手伝いを頼まれた。

同僚から仕事の手伝いを頼まれた。明らかに面倒な仕事で、それをやっていたら自分の仕事に影響が…。いまは手が空いているので、少しなら手伝えるのだが、どうもそれでは済みそうにない。なんとかうまく断りたいのだが…。

言いがちワード

「自分の仕事があるんで、ちょっと無理かな」

最初から「できない」「無理です」と言ってしまっては、相手の反感を買い、逆に何かのときにあなたが手伝ってもらえなくなる可能性があります。また「あの人は冷たい人だ」と評判が立つ可能性も…。

↓

こう言い換えてみよう

「多少なら手伝えるけど、詳しく説明してもらえる？」

最初に「手伝ってあげたい」という気持ちを伝えるのが重要。その後、「できる」「できない」の線引きをします。説明を聞いて、「やっぱりちょっと無理かもしれません」と言えば角が立ちません。

他にもこんな言い方が

「少しなら手伝えるかもしれません。簡単な仕事があったらぜひやらせてもらえませんか？」
「こちらも手一杯なのですが、お互い様ですから、できれば手伝いたいと思います」

CHAPTER 6

ついイライラワードを言ってしまいそうになったらこう言い換えよう

プライベート編

> 親しい間柄だからこそ、ついついイライラをぶつけてしまいがちだが、自分の気持ちを相手に伝える上手な言い換えをしよう。

CASE① 夫がまったく家事を手伝ってくれない。

夫が家事をまったく手伝ってくれない。掃除も洗濯もすべて人任せで、休日もただテレビを見てゴロゴロしているだけ。こちらが忙しくてやることが山ほどあるときでも、夫はまったく無関心でイライラが溜まるばかり。

言いがちワード

「少しは家事を手伝いなさいよ！」

このように相手を責める言い方はNGです。しかも「家事よりも会社での仕事のほうが大事で、自分の使命だ」と考えている場合が多いので、態度を変えることは期待できません。

↓

こう言い換えてみよう

「お疲れだろうけど、○○を手伝ってもらえないかな？」

相手を非難するのではなく、「夫がいまできること」「夫が現実的にできること」を考えて、具体的に頼んでみましょう。また話し合って分担を作るなど、前向きな対策を考えることが一番です。

他にもこんな言い方が

「家事を手伝って欲しいんだけど、一緒に分担を考えてもらえない？」
「じつは私も○○で大変なんだ。あなたができることでいいから手伝ってもらえないかな？」

CASE② 友達がドタキャンをした。

前々から計画していた海釣り。前日、突然友達が電話してきて、「仕事が忙しくて行けなくなったんだ」と一言。こちらは万全の準備をしていただけに、残念に思ったと同時に強い怒りがこみ上げてきた。

言いがちワード

「せっかく準備したのになんなんだよ！」

いくらドタキャンとはいえ、相手にも行けない理由があるのですから、頭ごなしに怒るのはNGです。まずは冷静になって詳しい事情を聞くのがよいでしょう。

こう言い換えてみよう

「海釣り、とても楽しみにしてたんだけどな…」

下手に小細工をしないで、相手に「残念だ」ということをストレートに伝えるのがベストです。その時は、自分がどれだけ楽しみにしていたかを具体的に話しましょう。

他にもこんな言い方が

「残念だな、行けなくって。次また楽しみにしているね」
「今度また行こうね」
「また一緒に計画を立てましょう」

CASE③ 夫と旅行の相談をしていたらついイラッとして…。

「今度の休みは家族で旅行に」と気を使う夫。でもいくら約束しても仕事が忙しく実現した試しがない。今度もどうせキャンセルだろうとカチンときて…。家庭ではよくある光景ですが、こんなとき思わずイライラワードを言ってしまいます。

言いがちワード

> 「どうせ無理なんでしょ？」

これは一種の決め付けです。せっかく夫が気を使っているのに、過去の例から、このように「決め付け」をしては、相手も立つ瀬がありません。もっと前向きに接してみましょう。

↓

こう言い換えてみよう

> 「今度はちゃんと行けるように2人で計画しましょう」

過去のことは忘れて、今度はちゃんと計画しましょう、というポジティブな言葉です。相手を最初から否定するのではなく、肯定から入るように会話を工夫しましょう。

他にもこんな言い方が

「前はダメだったけど、それはもう忘れましょうね。今度は本当に楽しみにしてるわ」

「仕事が忙しくてキャンセルにならないように、私もできることはお手伝いするね」

CASE ④ 夫が優柔不断で物事をはっきり決められない。

何か大切なことで決断を求めると、「うーん分からないな」とか「どっちか決められないな」と、優柔不断な態度を取る夫。おかげでいつまでたっても何も決めることができず、こちらの怒りも最高潮に達してしまい…。

言いがちワード
「男なんだから もっとはっきりしなさいよ！」

「男だから〜だ」というのは完全な決め付けです。また「あなたは男らしくない」と暗に言っているので、これでは相手のプライドが傷つくだけです。

↓

こう言い換えてみよう
「ひとつひとつ 一緒に考えていきましょうよ」

相手任せではなく、「一緒に考える」という姿勢を見せることが大切です。また「どうすれば相手が決断できるのか」、悩んでいることや、不安に思っていることを聞き出すのも手です。

他にもこんな言い方が

「どうすれば結論が出せるのかな？ 気になっていることを話してみて」

「一度に結論を出すのは難しいだろうから、簡単なところから決めていかない？」

CASE⑤ 友達の遅刻で予定が狂った。

みんなで遊びに行くはずが、友達の一人が遅刻したために、大幅に予定が狂ってしまった。後から到着したその友達はさかんに謝って、みんなは「まあ、いいよ」と寛大な態度。でも自分は許せないという思いでいっぱいになり…。

言いがちワード

> 「集団行動なんだから
> ちゃんと来るべきじゃないの？」

これは14、15ページでも解説している「べき」ワードです。この文句のように原理原則を振りかざすのはNG。周りの人にとってもあまり気持ちよいものではありません。

↓

こう言い換えてみよう

> 「みんな心配していたんだから
> 次からは集合時間に来てね」

もう終わったことを責めるのではなく、今後の注意を促すのが○。強い調子で非難すれば、相手も反発を感じますが、穏やかな調子で言われれば、「悪かったな…」と反省するはず。

他にもこんな言い方が

「みんな待っているんだから、何かあったら、早めに連絡をくれるとありがたいな」
「自分の行動を考えて、もっと早めに待ち合わせ場所にくるのがいいと、私は思うな」

CASE ⑥ なにかにつけて、友達がお金の文句ばかり言う。

お世話になった先生にプレゼントを贈ろうと、みんなで決めたところ、友達の一人が「負担額が高い」「もっと安いものでいい」と文句を言いだした。この友達は飲み会や旅行でも金額に文句をつけるので、今回はこちらも堪忍袋の緒が切れて…。

言いがちワード

「なんで君はいつもお金の文句ばかり言うんだ!?」

「なんで〜いつも」と他の事例も引き合いに出し、相手を批判するのは問題があります。相手もかなり面白くない気分になります。今回のプレゼントの件は切り離して考え、相手を説得しましょう。

↓

こう言い換えてみよう

「君もお世話になったんだからなんとか負担して欲しいな」

「なぜプレゼントを贈るのか」という理由と、相手に「こうして欲しい」ということを具体的に伝えましょう。これらを丁寧に説明すれば、相手も渋々要求を飲むことでしょう。

他にもこんな言い方が

「君もいろいろとお金が大変かもしれないけれど、先生も定年を迎えるのだから、特別にお祝いしてあげようよ」
「先生も我々が卒業できるように、いろいろと苦労したんだよ。だから今回は我々ができる限りのお祝いをしようよ」

CHAPTER 6 ‖ ついイライラワードを言ってしまいそうになったらこう言い換えよう（プライベート編）

CASE ⑦ 子どもがケガをして
妻と言い合いになった。

「それは〜のせいだよ」というのは、非常にマズいネガティブワードです。たとえば子どもが遊んでいてケガをしてしまったケース。夫が妻に「お前のせいだ！」と怒鳴れば、相手も「あなたが放っておいたんじゃない」と反論し、大ゲンカに発展してしまいます。

言いがちワード

「ちゃんと見てない お前のせいだ！」

相手に責任を押し付ける発言です。言われた側は、たとえ自分に非があったとしても、反発の気持ちが強くなってしまいます。これでは売り言葉に買い言葉の最悪の状況に…。

↓

こう言い換えてみよう

「これからはケガしないように 2人で気をつけようね」

決して責めるのではなく、子どもがどういう状況でケガをしたのか確認して冷静に話し合いましょう。トラブルが起きたときほど、穏やかに話すようにしましょう。

他にもこんな言い方が

「これは2人の責任だと思うんだ。
もっと安全に遊べるように協力し合おう」
「子どもは意外な行動を取るからしょうがないけど、
今後は2人とも目を離さないようにしようね」

CASE ⑧ 友達がなにかにつけ
もったいぶるのでイライラする。

友達がコンサートチケットが一枚余っているというので、「ぜひ譲ってくれないか」と言うと、「どうしようかな〜、他の人も欲しがってるしな〜」と煮え切らない態度に。この友達は何かともったいぶるのでついイライラしてしまう。

言いがちワード

「そんなにもったいぶるなら
いらないよ！」

相手がもったいぶるのは、一種のクセですから、それにいちいち怒るのは感心できません。むしろ「譲ってくれる」という相手の好意の方に目を向けて、自分の気持ちを素直に伝えましょう。

↓

こう言い換えてみよう

「ぜひ行きたいな。
譲ってくれないかな？」

相手の「もったいぶる」態度や言葉は軽く受け流しておきましょう。その上で、自分の「嬉しい」「ぜひ欲しい」という気持ちをストレートに表しましょう。

他にもこんな言い方が

「そのコンサートは僕も行ってみたかったんだ。
ぜひ一枚譲って欲しいな」
「君もそのミュージシャンのファンだったの？
それは嬉しいな。ぜひ一緒に行こうよ」

CASE⑨ 健康食品の販売員が何度も勧誘してくる。

健康食品の無料サンプルをもらってから、その後販売員が何度も訪ねてくる。「効果が感じられないので結構です」と断るのだが、「ある程度続けないと効果が出ない」とか「割引するから」と強引に売り込んでくる。いったいどう言えばあきらめるのか。

言いがちワード

「あなたしつこいよ！いらないと言ってるだろう！」

何度も売り込むのは、相手のマニュアルのひとつですから、ただ怒りを表すのは得策ではありません。一度断っても「この前はすみませんでした」と再度やってくる可能性があります。

↓

こう言い換えてみよう

「何度も訪問されるのは○○なので困ります」

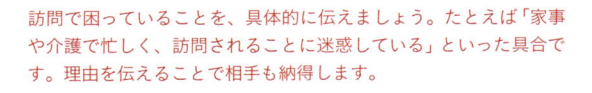

訪問で困っていることを、具体的に伝えましょう。たとえば「家事や介護で忙しく、訪問されることに迷惑している」といった具合です。理由を伝えることで相手も納得します。

他にもこんな言い方が

「家で仕事をしているので、訪問されると集中できません。売り込みはやめるようにお願いします」
「必要な時はこちらから連絡します。忙しくて対応するのも大変なのでもう来ないでください」

CASE ⑩ 友達が飲み会に行けないと急に言ってきた。

みんなで飲み会をやるはずが、一人だけ直前に不参加。幹事のあなたの頭にはさまざまな心配が駆け巡ります。「会費が高くなるな」「二次会の変更の連絡早く入れなきゃ」。そんなときに出る言葉がこれです。

言いがちワード
「信じられない！」
「いい加減にしてよ！」

「信じられない」は強い非難を含む言葉です。相手もこう言われて説明の機会を失い、委縮してしまうことでしょう。この言葉は下手に敵を作ってしまうセリフなので注意しましょう。

↓

こう言い換えてみよう
「みんなが迷惑するから どうするか相談しようよ」

「みんなが困ることなんだ」という事情ははっきり伝えましょう。その上で、どのように対処するのか、冷静になって相談しましょう。口調はゆっくり、穏やかなトーンで。

他にもこんな言い方が

「急な予定が入ったのは分かるけど、
直前のキャンセルだから会費は払って欲しいな」
「遅れてでもいいから、来られないかな。
みんな君に会いたいと思うんだ」

CASE⑪ 友達が自分より他の予定を優先した。

前から約束していたのに、「ごめんね、他の予定が入っちゃって」と友達がこちらより他の予定を優先した。なんだか自分が軽く見られているようで腹が立ってしょうがない。この場合、どのように自分の気持ち伝えたらよいだろうか？

言いがちワード

「こちらの方が先なんだからその予定を蹴ってよ！」

確かに正論ですが、相手には相手なりの「優先順位」があります。そのため、いくら強く予定を変えないように言ってもムダでしょう。ここは大人の対応をすることが求められます。

↓

こう言い換えてみよう

「そうか、残念だな。ただ次回からはこちらの約束も守ってね」

約束をキャンセルされたことを責めず、自分の気持ちを素直に伝えてみましょう。また「他の予定ってどんなものなの？」と聞くことで相手の優先順位を知ることも大切です。

他にもこんな言い方が

「そうか。じゃあしょうがないね。
でも他の予定ってどんなのか教えてくれない？」

「ちょっと楽しみにしていたから残念だな。
でも次回は行けるように期待してるよ」

CASE⑫ 子どもがテストで赤点を取ってきた。

テストで子どもがひどい点数を取ってきた。ちゃんと勉強しているようなのだが、いまひとつ身が入っていないのかもしれない。「教えようか？」と言っても「大丈夫」と言うばかりなので放っておいたのだが、答案用紙を見て思わずカッとなり…。

言いがちワード
「**あなたはなんでいい点が取れないの！**」

こう言われてうまく返答できる子どもはいません。「なんで」には相手に対する強制、要求のニュアンスがあるので、できれば封印したい言葉です。

こう言い換えてみよう
「**どうしたらいい点が取れるかしら？**」

「なんで」を「どうしたら」に変えるだけで語感がソフトになり、相手の心に響きやすくなります。また「どうしたら」の方が前向きに解決策を考えるきっかけになります。

他にもこんな言い方が

「今回はしょうがないね。赤点を取らないようにするためにはどうしたらいいか、一緒に考えよう」
「テストは何回もあるんだから、一度赤点を取ったからってへこたれないでがんばろうよ」

CASE⑬ 家に帰ったら食事の準備ができてなかった。

いつもは帰宅して食事ができているはずなのに、今日に限って妻がまったく何も準備してなかった。こちらは仕事でヘトヘト、お腹もすいているのに何も食べるものがないという。妻もいろいろと忙しいのは分かるのだが、ついイラッとして…。

言いがちワード

「なんで準備ができてないの？」

この言葉には「こちらは疲れて帰ってきたのに…」という非難が入っています。言われた方は「私もやることが山ほどあるのよ」「私は家政婦じゃないのよ」と強い反発を感じることでしょう。

↓

こう言い換えてみよう

「仕事が大変でお腹がペコペコなんだ。何か作ってくれないかな？」

「〜だから〜してくれないかな」といったように、理由と具体的にして欲しいことを伝えましょう。ソフトに言うことで、相手もこちらに気を使ってくれるはずです。

> 他にもこんな言い方が

「ごめん。家事で忙しくて大変だと思うけど、何か作ってくれないかな」
「食事を準備してくれるように連絡を入れればよかったね。今から何か作れるかな？」

CASE⑭ 子どもが盗難に
あってしまった。

子どもが置き引きにあって、バッグを盗まれてしまった。帰ってくるやいなや「大事なものが入ってたの」と。前々から、荷物を置きっ放しにしないように注意を促していたのだが、言うことを守らなかった子どもに腹が立って…。

言いがちワード

「盗まれたのは
あなたも悪いよね」

この「あなたも悪い」は相手を突き放す言葉です。「なんでそんなことになったの！」という、あなたのイライラがこもったセリフで、言われた側はどうしていいか分からなくなります。

↓

こう言い換えてみよう

「それは災難だったね。
なにが入っていたの？」

まずは相手を落ち着かせることが大切です。そのため冷静になる言葉をかけてあげましょう。どんな状況でも親は子どもの「味方」になってあげることが大事です。

他にもこんな言い方が

「起こったことはしょうがないでしょう。
でももう少し注意すればよかったね」

「ひどい人もいるね。あなたは決して悪くないのだから、
自分を責めないようにね」

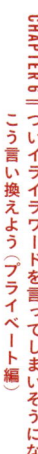

CASE ⑮ 楽しみにしていた舞台が期待外れだった。

彼女が舞台を観ようと誘ってくれた。楽しみにして行ったのだが、予想とは違い、まったく面白くなかった。その場では面白がっているように振るまっていたが、後で彼女に「いまの舞台どうだった？」と聞かれ…。

言いがちワード

> 「なんかちょっと期待外れだったね」

気持ちは分かりますが、ここでバカ正直に「面白くなかった」と言ってしまっては、せっかく誘ってくれた彼女を傷つけることになるかもしれません。別の言い方で自分の感想を述べるようにします。

↓

こう言い換えてみよう

> 「舞台装置は凄かったけど話はちょっと難解だったね」

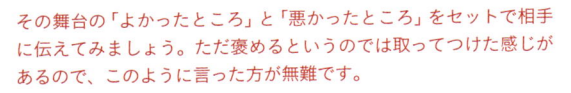

その舞台の「よかったところ」と「悪かったところ」をセットで相手に伝えてみましょう。ただ褒めるというのでは取ってつけた感じがあるので、このように言った方が無難です。

他にもこんな言い方が

「なかなか面白い舞台だったね。でもちょっと僕には難しいところが多かったかな」

「こういうのを観るのは初めてで興味深かったよ。今度は違う舞台にも誘ってね」

CASE ⑯ 友達が大事なペットを逃がしてしまった。

旅行の間、大事にしているペットのネコを友達に預かってもらった。ところが帰ってくると、友達の不注意で、ネコが逃げていなくなってしまったという。確かに頼んだ僕も悪いのだが、ついつい怒鳴ってしまった。

言いがちワード

「いったいどうしてくれるんだよ！」

相手も十分に悪いとは思っていると思います。ここで相手を責めても何の問題解決にもなりません。相手を責めたとしても、あなたの気は紛れません。

↓

こう言い換えてみよう

「すぐに今できることを手分けしてやりたいから協力して」

今しなければならないことに意識を向けるようにしましょう。迷いネコのちらしをつくる、ちらしを置かせてもらえるところを探すなど、できることを協力して素早くすることに注力しましょう。

他にもこんな言い方が

「逃げたことはすぐに連絡して欲しかった。ただ、今は探すことに全力をつくそう」

「とても大切な家族なんだ。少しでも早く見つけられるよう協力して」

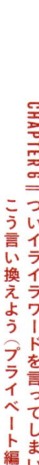

CASE⑰ 友人がプライベートをあれこれと聞いてくる。

男女関係や家族問題など、あまり言いたくないことをあれこれ聞いてくる友達。この前も「彼氏との仲どうなってるの？ 新しい人ができたの？」などと聞かれたので、「あまり話したくない」と言うと、それでもしつこく聞いてきた。

言いがちワード

「あなたには関係ないでしょ！」

このように頭ごなしに怒ると、相手は「何かあるな」とさらに探りを入れて、あなたの頭痛の種になってしまいます。また噂になるケースもあるので気をつけないといけません。

↓

こう言い換えてみよう

「別になにもないよ」

涼しい顔で、こう切り返してみましょう。これを続ければ、相手もそのうち関心がなくなることでしょう。また何がしかの情報をつかまれているようなら、明るい顔で「ちょっとね」と返しましょう。

> 他にもこんな言い方が

「ちょっとね。そのうち落ち着いたらね」
「別にたいしたことないよ」

CASE⑱ 友人が「ケチ」で飲み会でも割り勘を渋る。

お金に細かく、何かと文句を言う友人。一緒に飲みに行っても「他の人のほうが多く頼んだよね」と割り勘を渋ってくる。実際はそんなことはないのだが、言った者勝ちで押し切られてしまう。自分は幹事なのでついイライラしてしまって…。

言いがちワード

なに言ってるんだ。ちゃんと払えよ！

強く抗議しても、相手は理由をつけて支払いを拒むはずです。それよりもまず「相手がそれほどケチでなかった場合」を思い出して、そのときはこちらがどう頼んだかを考えてみましょう。

↓

こう言い換えてみよう

君も大変だろうけど、割り勘にしてもらえないかな？

たとえば相手が多少は聞き訳がいい人ならば、上のように頼んでみます。言い方はさまざまですが、「比較的ケチでなかったとき」の言い方を再現すれば、相手も聞き入れる可能性が大です。

他にもこんな言い方が

「君の気持ちは分かるけど、ここは割り勘にしようよ。次は君のことも配慮するからさ」

「会計が面倒になるから、ここは我慢してよ。そのうち埋め合わせするからさ」

番外編 タクシーの運転手が
道を間違えた。

最初に詳しく道順を説明したつもりだったが、タクシーの運転手が違う道に入ってしまった。こちらは急いでいることもあり、つい声を荒げてしまった。運転手はただ「すみません、すみません」と言うばかりで…。

言いがちワード

「道が違うじゃないか！何年運転手やってるの？」

このように相手を必要以上に傷つける言葉はNGです。場合によっては「そちらの説明の仕方が悪い」と反論されることもあります。ここは一度冷静になって対応を考えましょう。

↓

こう言い換えてみよう

「道が違いますよ。○時までに到着できるようにお願いします」

「自分は急いでいて、○時までに到着して欲しい」と自分の希望を具体的に、淡々と伝えましょう。ただ自分の感情をぶつけるだけでは、相手もオロオロしてしまい、何の解決にもなりません。

> 他にもこんな言い方が

「こちらも急いでいるので○時までに到着しないと困ります。なんとか道順を工夫してください」

「こちらの説明不足だったかもしれませんが、これでは間に合いません。なんとか急いでください」

番外編 電話先の
スタッフの態度が悪い。

購入した商品の具合が悪いので、サービスセンターに電話したところ、横柄な社員が電話口に出てきた。いろいろ説明しても、「そうですかねー、使い方も悪いのかもしれませんねー」とじつにいい加減な対応。カチンときて…。

言いがちワード

「あなたちょっと失礼でしょ！」

キレる気持ちも分かりますが、直接本人に言ってもすぐに態度が改まるとは思えません。別のスタッフや責任者に代わってもらい、苦情を言う方がよいでしょう。

↓

こう言い換えてみよう

「すみませんが、もっと詳しい方に代わってください」

代わりの人が出たらそれまでの事情を詳しく話しましょう。ただし必要以上に、担当者のことを悪く言うのはNG。商品に関することで困っているのですから、早めにそちらの話に切り替えましょう。

他にもこんな言い方が

「ちょっと話がかみ合いませんね。
では、責任者とお話がしたいのですが」
「こちらも大変困っているので、
もう少し分かりやすく説明してもらえませんか？」

番外編 隣人がかけている音楽が
うるさくてしょうがない。

隣人の騒音に悩まされている。もともと壁が薄い
ということもあるのだが、夜遅い時間でもまった
く気にすることなく音楽をかけている。ときには
友達を呼んで朝まで騒いでいることも。こんな困
った人にはどう対応する？

言いがちワード

「困りますね。あなたのような迷惑な人は」

これでは言い合いになり、トラブルに発展しかねません。相手も人格否定をされたことで、かなり面白くない気分になるでしょう。また「静かにしろ！」と怒鳴るのもNGです。

↓

こう言い換えてみよう

「音が響いて眠れないので、もう少し静かにしてもらえませんか」

相手に注意するときは、できるだけシンプルに、かつ具体的に言うことを心がけましょう。理由を伝えればさらによいでしょう。また責める口調ではなく、穏やかな調子を心がけることが大切です。

> 他にもこんな言い方が

「すみません、勉強に集中できないので、
遅い時間は音楽を控えてもらえませんか」
「壁が薄くて音がこちらに響くようなんです。
どうしたらいいでしょうか？」

CHAPTER 7

心を前向きにするポジティブワード

> イライラを感じたとき、気持ちが沈んでしまいそうなとき、心が前を向く言葉を発してみよう。自分で自分に力を与えられるはず。

POSITIVE WORD

ポジティブに なれる独り言

こんな言葉で気分スッキリ

イラッとしたり、カチンときたときに「心が落ち着くフレーズ」を唱えることで、気分を和らげることができます。またその後、怒りや起きている事態に対して冷静に対処することが可能になります。ここではそんな魔法の言葉を紹介。こうした言葉を日頃から用意しておき、いざというときに自分に投げかけてみましょう。

POSITIVE WORD 1

「まっ、いいか」

開き直りの言葉の代表格。もちろん「いい」わけではないのですが、心の中で唱えることで「余裕」が生まれ、次の対応策を冷静に考えることができます。

例えばこんなときに
- 理不尽に怒られたとき。
- 取るに足りないなと思えたとき。
- 自分の力が及ばないとき。

POSITIVE WORD 2

「成長できる チャンスになる」

仕事でミスや失敗をして自信を失ったときによく効く言葉です。これで気楽に仕事に取り組むことができます。

例えばこんなときに
- プレゼンに失敗したとき。
- 上司に「どうしてうまくできないんだ…」と言われたとき。
- 仕事の結果に満足できないとき。

POSITIVE WORD 3

「怒りよ、とまれ」

他人にイヤなことを言われてカッとしたときに、瞬時に怒りを鎮めてくれる言葉です。冷静さを取り戻すことができます。

例えばこんなときに
- 上司に罵声を浴びせられたとき。
- 自分の意見を頭ごなしに否定されたとき。
- 家族と言い合いになったとき。

POSITIVE WORD 4

「失敗しても、次があるさ」

歌の歌詞にも似たようなものがありますが、いわゆる「仕切り直し」の言葉です。気持ちを新たにする作用があるので、活力が湧いてくるはずです。

例えばこんなときに
- 仕事のやり直しを命じられたとき。
- 外回りの営業でうまくいかないとき。
- プレッシャーを感じているとき。

POSITIVE WORD 5

「明日になれば変わる」

「きっと状況は好転するだろう」という、希望がある言葉です。今の悪い状況をじっとガマンし、気力を維持したいときにも有効です。

例えばこんなときに
- 顧客からのクレームが解決しないとき。
- 努力しても売り上げが伸びないとき
- 家族や友達との仲が険悪なとき。

CHAPTER 7 ｜ 心を前向きにするポジティブワード

POSITIVE WORD 6

「私はラッキーだ」

最悪の状況でこの言葉を唱えてみましょう。きっと「悪いことの後には必ずよいことが待っている」と、その状況を乗り越えるができるはずです。

例えばこんなときに
- 試練だと思えたとき。
- 仕事がうまく進まず追い詰められたとき。
- 解決困難な問題が目の前にあるとき。

POSITIVE WORD 7

「のんびり、じっくりやろう」

イライラしているときほど、何とか早く結果を出したいと焦ってしまいますが、そんなときはこの言葉。クールダウンができ、逆に仕事の効率も上がります。

例えばこんなときに
- 目の前に締切が迫って焦っているとき。
- なかなか仕事のゴールが見えず、イライラしているとき。
- 上司から「早くやれよ!」と何度もせかされたとき。

POSITIVE WORD 8

「終わりよければすべてよし」

仕事などの途中経過があまり思わしくないときは、周りも心配してさまざまなイライラワードを言ってきます。そうした雑音はこれで撃退しましょう。

例えばこんなときに
- 「本当に大丈夫なの?」と上司が繰り返し言ってくるとき。
- 仕事の現場でミスが多発し、問題になっているとき。
- 意見が対立して仕事が迷走しているとき。

POSITIVE WORD 9 「やることに価値がある」

「そんなことムダだよ」「意味ないよ」とネガティブワードを言ってくる人は大勢います。そんなときはこの言葉で自分の信念や自信を取り戻しましょう。

例えばこんなときに
- 新しいチャレンジを他人に揶揄、批判されたとき。
- 努力がなかなか報われないとき。
- 首を縦に振らない人を説得しようとしているとき。

POSITIVE WORD 10 「自分は大丈夫」

「自分ならできる！」というのも同じような言葉です。「なんで俺はダメなんだ」と自信を失ったときに、この言葉を自分に言い聞かせてみましょう。

例えばこんなときに
- 仕事や人間関係の悩みで落ち込んでいるとき。
- 疲れやストレスが溜まって、元気が出ないとき。
- 予期せぬトラブルに巻き込まれたとき。

POSITIVE WORD 11 「こういうこともある」

ちょっとしたイライラによく効くマジックワードです。日常生活でイラッとしたときには、この言葉でリフレッシュしましょう。

例えばこんなときに
- 満員電車でイライラしたとき。
- お店で待たされたとき。
- 渋滞に巻き込まれたとき。

CHAPTER 7 心を前向きにするポジティブワード

POSITIVE WORD 12

「よし、できるところからやってみよう」

何度やっても仕事がうまくいかない。仕事の量が多すぎて滅入ってしまった。そんなときは、この言葉を唱えることで、ヤル気を取り戻すことができます。

例えばこんなときに
- 仕事の難易度が高くて自信がないとき。
- 仕事がうまくいくかどうか不安なとき。
- 大きな壁にぶつかったとき。

POSITIVE WORD 13

「分かってくれる人は他にもいる」

周りと意見が対立したときに感じるイライラは相当なものです。ふと「自分の味方はいないのでは」と錯覚してしまいますが、こう唱えてみましょう。

例えばこんなときに
- 友達に自分の行動を非難されたとき。
- 自分の出した企画がなかなか通らないとき。
- 仕事やプライベートで孤立無援になってしまったとき。

POSITIVE WORD 14

「それは小さいことだ。気にしないでおこう」

恥をかいてしまった場合は、それがどんなに些細なことでも、いつまでも心の中に引っ掛かってしまうものです。そんなときはこの言葉を使いましょう。

例えばこんなときに
- 仕事で初歩的な問題を指摘されたとき。
- 公衆の面前で恥をかいてしまったとき。
- 過去の失敗体験がいつまでも気になってしまうとき。

POSITIVE WORD 15
「イヤな思い出よ、バイバイ」

昔のイヤな思い出がたびたびフィードバックしてくるときに、この言葉を唱えてその記憶を捨て去りましょう。

例えばこんなときに
- 仕事の失敗を悔やんでいるとき。
- 昔の恥ずかしい出来事を思い出したとき。
- 人から言われた非難の言葉が気になるとき。

POSITIVE WORD 16
「人生なんとかなる」

人生の大きな壁を前にストレスを感じたり、大きな失敗をしたときに、そこから立ち直るのに効果的な言葉です。人生への客観的スタンスを持つことができます。

例えばこんなときに
- 就職が決まらず悩んでいるとき。
- 会社で大きな失敗をしたとき。
- お金の問題で困っているとき。

POSITIVE WORD 17
「いまはやめておこう」

瞬発的に怒りを感じたときに、それを消す言葉です。「いまは怒るのをやめよう」「怒りに任せた行動はやめよう」と自分に唱えます。

例えばこんなときに
- 友人に悪口を言われたとき。
- 上司に理不尽なことを言われたとき。
- 腹が立つ行動を目にしたとき。

CHAPTER 7 ‖ 心を前向きにするポジティブワード

POSITIVE WORD

自分を奮い立たせる言葉

元気が出てくる言葉たち

次に紹介するのは「ここ一番で力を出したいとき」「気分を一新したいとき」、そして「元気になりたいとき」に唱えるポジティブワードです。会社やプライベートでのトラブルを抱えていたり、現状を打破したいときなど、さまざまなケースで自分自身に大きなパワーを注入することができる言葉の数々です。

POSITIVE WORD 1

「そのうち状況も変わるだろう」

自分では何をやっても状況を変えられないときがあります。そんな場合は「時間が解決してくれる」と考えることで心が鎮まります。

例えばこんなときに
- 自分に関するイヤな評判を聞いたとき。
- 努力しても問題が解決しないとき。
- 人間関係がこじれたとき。

POSITIVE WORD 2

「出口はすぐそこにある」

辛いことが続くとき、「トンネルはそんなに長くない」「光がもうすぐ見えるはず」と考えることで、いまの状況を乗り越えることができます。

例えばこんなときに
- 仕事でトラブルが続いたとき。
- ストレスが溜まり気分がすぐれないとき。
- 相手の怒りがなかなか鎮まらないとき。

POSITIVE WORD 3

「絶対に最後までやろう」

「仕事が大変すぎて、まったく先が見えない」、また「さまざまな障害に突き当たり心が折れてしまいそうなとき」に、この言葉を唱えると効果的です。

例えばこんなときに
- 任された仕事が、思ったように進まないとき。
- 目標が達成できず、自信を失いそうなとき。
- 計画が狂い、イライラしているとき。

POSITIVE WORD 4

「よし、見返してやろう」

これは「失敗をバネにしよう」「次回は成功しよう」という「再起」のポジティブワードです。ヤル気だけでなく向上心も高まります。

例えばこんなときに
- 仕事で失敗し、みんなから白い眼で見られたとき。
- ダイエットなどの目標を他人にバカにされたとき。
- 「この仕事は君には無理」と決め付けられたとき。

POSITIVE WORD 5

「きっと楽しいことが待っている」

不安やストレスがあると、ついよからぬ結末を考えてしまいがちになります。この言葉は、そんなマイナスイメージをプラスイメージに変える力を持ちます。

例えばこんなときに
- 受験や入社試験など、何かの結果を待っているとき。
- いまの生活が「辛い」と感じたとき。
- 自分の将来に不安を感じたとき。

CHAPTER 7 ‖ 心を前向きにするポジティブワード

POSITIVE WORD 6

「自分にはデキる力がある」

「何度やってもうまくいかない…」そんなときはつい自分の能力を疑ってしまいます。そこでこの言葉を唱えて自身を回復しましょう。

例えばこんなときに
- 仕事を要領よく進められないとき。
- 難しい仕事を任されて戸惑っているとき。
- 仕事でミスが頻発したとき。

POSITIVE WORD 7

「ゴールはすぐそこだ」

「ゴール」という言葉には心と体に活力を与える不思議な力があります。「もうダメだ」と思ったときでも、この言葉さえあれば再起することができます。

例えばこんなときに
- 長時間の仕事でヘトヘトになったとき。
- 大きな「やり直し」を命じられたとき。
- 状況がなかなか進展しないとき。

POSITIVE WORD 8

「やるだけのことはやっておこう!」

最悪の状況でも「やるだけのことは…」と考えることで、逆にポジティブな行動が生まれ、状況が好転することがあるものです。

例えばこんなときに
- 見通しが暗いとき。
- プロジェクトが失敗に終わりそうなとき。
- 就職・転職先が決まらず先が見えないとき。

POSITIVE WORD 9

「自分自身を信じてみよう」

ときには人にどう思われようと「我が道を行く」という姿勢が必要になることがあります。さらに「自分を信じること」は能力アップにもつながります。

例えばこんなときに
- 自分の仕事のやり方に疑問を感じたとき。
- 他人から自分のやり方を批判されたとき。
- 実現困難な目標に向かっているとき。

POSITIVE WORD 10

「大切なのは続けることだ」

「継続は力なり」。地道にやっているのに、なかなか結果が出ない、認めてもらえない…そんなときに自分を鼓舞する言葉です。

例えばこんなときに
- 会社で自分の企画案がなかなか通らないとき。
- 顧客の元に何度通っても「イエス」がもらえないとき。
- ダイエットなどでなかなか結果が出ないとき。

POSITIVE WORD 11

「幸せは自分でつかんでいこう」

他人に依存するのではなく幸せを「自分でつかむ」と考えることで、勇気が湧いてきます。非常に前向きな言葉だと言えるでしょう。

例えばこんなときに
- 家庭内での人間関係がうまくいっていないとき。
- 会社の待遇や方針に納得できないとき。
- 生活レベルに不満を持っているとき。

POSITIVE WORD 12
「打たれ強くいこう」

「自分は打たれ強い」と思うことで、さまざまな困難に対する耐性が生まれます。その結果、他人から受けるストレスを効果的に減らすことができます。

例えばこんなときに
- 上司に注意・叱責されることが多いとき。
- 自分のやり方に反対意見が多いとき。
- 営業などで門前払いされたとき。

POSITIVE WORD 13
「だから人生って面白い」

どんなトラブルに遭っても「その状況を面白がること」ができれば、前向きになれます。また面白がることで意外なアイデアが浮かんできます。

例えばこんなときに
- 異動や転勤など不本意な辞令が下ったとき。
- 仕事で予期せぬトラブルが起きたとき。
- 恋愛に失敗したとき。

POSITIVE WORD 14
「一歩一歩前に進んでみよう」

大変な仕事量でも、「一つずつ着実にこなすことで完成に近づく」と考えてみましょう。気持ちが楽になり、仕事への意欲も湧いてくるはずです。

例えばこんなときに
- 仕事の終わりがまったく見えないとき。
- 資格など、難しい目標に挑戦するとき。
- 変わらない毎日にイライラしたとき。

CHAPTER 8

イライラを解消する！困った人への対処法

> 世の中には困った人たちがたくさんいる。そんな人たちから受けるイライラを3ステップで解消するテクニックを紹介しよう。

CASE 1

上司がムチャな
仕事の振り方をしてくる。

「営業に100件回って来い」「明日までに書類を100ページ仕上げろ」——会社では上司からのムチャな要求が飛び交います。こうした要求には、ついイラッときてしまいますが、どのように対処していったらよいのでしょうか?

↓

こんな対応はマズイ

NG! 「とても無理です」と弱音を吐く。

ただ「できません」「無理です」では仕事ができないというレッテルを貼られかねません。また逆に「やってみます」と安請け合いしてしまっては、結局できず後で困ることに。ここでは冷静な対応が必要になります。

こう考えてみよう

↓

そもそもムチャってどんなこと?

まず、「何がムチャなのか」と考えてみます。その上で「ムチャな中にもできることはあるんじゃないか」と探してみて、具体的に「これはムチャだし、これはムチャではない」というように線引きをします。

イライラを3ステップで解決しよう

STEP 1　まず現状を把握しよう

- 上司はいったいどれくらいムチャな仕事を振ってくるのか？
- そもそも自分は何をもってムチャだと言っているのか？
- 果たして本当にムチャなのか？　その中にもできることはあるのではないか？

⬇

STEP 2　どんな頼み方なら納得いくのか考える

次に上司がどんな頼み方をしてきたら納得するのか、具体的に考えてみましょう。ムチャな仕事だとしても、頼まれ方によっては納得することもあるはずです。

⬇

STEP 3　許せる範囲を考えてみる

最後に、少なくともこういう頼まれ方をしたら自分は許せるという範囲を作ります。先の「書類の作成」なら、「十分に時間をくれる」とか「1日20ページの作成」など受け入れられる状態を考えます。

POINT　許せる範囲を考える

許せる範囲を考えることで、自分の中でイラッとすることとしないことがはっきりと分けられるようになります。その上で上司に「できること」を伝えます。その際は「何ができないのか」ではなく、「どれぐらいだったらできるか」を正確に説明しましょう。

CASE 2

上司の言うことが
コロコロ変わる。

「これをやっておいて」と指示されたのに、後になって「こちらを優先して」と言われ…。朝令暮改の上司には本当に苦労します。指示が変わることでいままでの苦労が水の泡に。こうしたタイプにはどう接していったらよいのでしょうか。

↓

こんな対応はマズイ

NG!「言ってることが違うようですが」と指摘する。

まずこの対応では上司が不快感をあらわにするはずです。またいくら正しい指摘でも、「状況が変わったんだ」「君は対応力がないね」と逆に非難され、「生意気なヤツ」と思われてしまいます。

こう考えてみよう

↓

レッテルを貼っていないか？

一言で「コロコロ変わる」としていますが、それが先入観になっている場合があります。10回中全部変わるのか？ 5回なのか？ レッテルを貼らないで、相手の行動を正確に観察することが必要になります。その上で相手への対応を考えましょう。

イライラを3ステップで解決しよう

STEP 1 まず現状を把握しよう
- コロコロ変わるというが、実際はどのくらいの頻度で変わるのか。
- 内容はどのくらい変わるのか。まるで違う指示になっているのかどうか。
- どんなケースやタイミングで指示が変わるのか。

↓

STEP 2 どんな状況なら納得いくのか考える

言ったことを絶対変えなければ納得いくのか。変えるにしても、少し前に言ってもらえればよいのか、それとも数時間前なのか。いつ言ってくれたらOKなのか。自分の中でベストを確認しましょう。

↓

STEP 3 できること、できないことを考える

その上でいまできる・できないことを考えてみましょう。たとえばできないのは「上司の指示を元に戻してもらうこと」。逆にできることは「指示が変わった理由を尋ねる」とか、「すでに準備が終わっていることを伝える」などです。

POINT　対応プランを考えておく

相手をよく観察することで「コロコロ変わる」タイミングや度合いが分かってきたなら、あらかじめ変わることを想定して対応プランを立てておくことが、現実的な対策になります。たとえば複数のプランをストックしておくとか、変更に対応するための人員をあらかじめ確保しておくなどの準備を行います。

CASE 3

上司の話が長くて
いつもイライラしてしまう。

話が長く、何度も同じことを繰り返し言う上司。話が脱線し、仕事とは関係ない方向に向かうこともしばしば。このようなタイプの上司にはどのように接していけばよいのでしょうか。

↓

こんな対応はマズイ

NG! 「仕事がありますので」と話の途中で退席する。

相手は話を勝手に打ち切られたと思い、非常に不快になる可能性があります。「あいつは俺の話を聞かない」などと逆に先入観を持たれてしまうこともあるので要注意。また話を無理に面白がるのもNGです。

こう考えてみよう

↓

事実と思い込みを分けよう

上司の「話が長い」というクセを直すことはできないこと。だから聞く側の認識を変えなければいけません。また「いつも話が長い」というのは思い込みかもしれず、短いときにも長いな、と思っている可能性があります。事実と思い込みを分けることが必要です。

イライラを3ステップで解決しよう

STEP 1　まず現状を把握しよう

- 実際どのくらい話が長いのか？
- 自分が話が長いと思うのはいったい何分ぐらいなのか。
- 同じ上司の話でも長いときと長くないときがあるはず。その違いは何なのか。

⬇

STEP 2　今日はどのくらいのレベルか考える

今日は話が長いけれど、それはいつもよりどのくらい辛いことなのかを考えてみましょう。たとえば5段階の中で5をワーストだとしたら、4なのか3なのか、それがガマンできるレベルかどうかを考えるようにします。

⬇

STEP 3　自分の中で「ましな基準」を作っておく

では2分で終われば許せるのか、3分だったらOKか、自分の中である程度の基準を作っておきます。そうすれば、「いまはまだましだったかな」と考えられるはず。

POINT　自分の「興味」にも着目しよう

上司の話が「面白い」「面白くない」ということも長く感じるかどうかに関係しています。興味があるときは短く感じ、興味がないときは長く感じているのかもしれません。その点も頭に入れておきましょう。また相手の話の「面白いところ探し」をするのも手です。

CASE 4

人の話を適当に聞く先輩に
イライラする。

事務連絡をしても、「ああ、分かった分かった」と適当に返してくる先輩。後で「なんでちゃんと言わなかったんだよ」と自分が聞いてなかったことを棚に上げて文句を言ってくる。万事が万事こうで…。

こんな対応はマズイ
相手のいい加減さを非難する。

いくら親しい間柄でも、「先輩ちゃんとやってください」「先輩適当過ぎますよ」などの非難の言葉を投げかけては相手はカチンときます。「こいつ可愛くない後輩だな…」と思われては損するだけです。

こう考えてみよう

「適当」を定義してみよう

適当というけれど、何をもって適当というのか。適当に聞いているなと思う姿とはどんなものなのか。まず自分の中で「適当の定義」を行うことが大切です。そして先輩の態度がどんなときに適当と感じるのかをチェックします。

イライラを3ステップで解決しよう

STEP 1 現状をまず把握しよう

- 先輩の「あいづち」がいい加減なのか。
- 話している最中、こちらを見ていないのか。
- 他の作業をしながら聞いているのか。
- 内容を覚えていないから「適当」なのか。

↓

STEP 2 相手を許せる範囲を探してみよう

先輩がどんなふうに聞いてくれたら許せるのか。せめて「目線さえくれていればOK」、「返事が生返事でなければOK」といった具合に、少なくとも許せるパターンはこれだ、というものを考えてみます。

↓

STEP 3 実際にできることを考える

その上で、先輩が話を聞いてくれるようになるための具体的な方法を考えましょう。たとえばこちらの声掛けを変えてみる、「先輩聞いてますか？」と確認するなど、自分ができる方法を考えましょう。

POINT　他人は変えられないことを認識する

過去と他人（性格・人格）は変えられないということを認識することが大切です。ただし相手の行動は変えられます。こちら側がアプローチを変えることによってできる工夫を探してみましょう。たとえば大事な連絡事項などは、できるだけ文章でやり取りするなどしてトラブルを防ぎましょう。

CASE 5

先輩がなにも指導してくれず非常に困っている。

なにを聞いても「うーん、分からないなー」の一言で片づける先輩。仕事の手順を聞いても「他の人に聞いてみて」と、何も指導してくれない。上司に聞きにいくと「○○（先輩）に教えてもらってよ」と言われ…。

こんな対応はマズイ

NG! 先輩を非難したり、無視したりする。

「ちゃんと教えてください！」と先輩を非難したり、逆に無視して仕事を勝手に進めるのは好ましくありません。毎日顔を合わせるのですから、できれば良好な関係を築きたいものです。

こう考えてみよう

「指導してくれない」を再検証する

自分はなにをもって先輩が指導してくれないと言っているのか。まずそこから考えていくことが大切です。その上で許せる範囲を決め、「相手にはせめてこれをして欲しい」と具体的な要望を考えていきましょう。

イライラを3ステップで解決しよう

STEP 1 現状をまず把握しよう

- 先輩が「○○○○をしろ」と具体的なことを言わないからイライラするのか。
- 指示を出しているが、その説明がいまひとつよく分からないのか。
- まったくほったらかし状態なのか。

↓

STEP 2 自分の許せる範囲を考えてみる

「これくらいのことをしてくれたら許せる」と思う範囲を考えてみましょう。たとえば毎朝メールを1通くれるとか、帰りがけに声をかけてくれるとか。あるいは困ったときに5分でいいから立ち止まって話を聞いてくれるなど、「許せる範囲」を考えていきます。

↓

STEP 3 自分からできることを考えてみる

許せる範囲に近づくために自分からできることは？ たとえばメールで質問してみる、改めて指導の時間を作ってもらう…など、できることをピックアップしてみます。

POINT　積極的な行動を心がける

指導してくれない——というのは、「受け身」になってしまっているということなので、自分から積極的に動いて指導してくれるようにアプローチをしましょう。受け身から働きかけへ、という姿勢の転換が必要です。また「どこがどう分からないか」を的確に相手に伝えることも大事です。

CASE 6

仕事を残して部下がさっさと定時に帰る。

周りに気を使わず定時にさっさと帰ってしまう部下。仕事はまだ残っているというのに、まったく責任感がない。就業時間は会社で決まっていることとはいえ、仕事を残したままなのは好ましくないのだが…。

↓

こんな対応はマズイ

NG!

無理やり残業をさせる。

労働時間は法律でも決まっていることですから、残業を強制するのは下手すればパワハラになりかねません。また仕事が終わってないことを責めても、「定時で帰るのは当然の権利ではないですか？」と反論される可能性が。

こう考えてみよう

↓

先入観がないかチェック

もしかしたら大変なときに部下が定時で帰ったため、「あいつは無責任で気を使わない」という思い込みができているのかもしれません。部下が本当はどう帰っているのかまずチェックして、思い込みと事実を分けましょう。

イライラを3ステップで解決しよう

STEP 1　まず現状を把握しよう

- 部下は本当に毎日定時に帰るのかどうか。
- 定時で帰るのは週に3日なのか、5日なのか。それとも1日なのか。
- 仕事がどのような状態で帰っているのか。作業の残し具合はどうか。

↓

STEP 2　自分の許せる範囲を決める

定時に帰ると言っても、週に1回だったら許せるのか、2回だったらいいのか。また時間も15分過ぎていたらよいのか、30分ならよいのか、など自分の許せる範囲を探りましょう。

↓

STEP 3　「仕組み」を考えよう

「部下を帰らせない」ということは現実にはできないこと。だったら、できることから考えましょう。たとえば定時に部下が帰ったとしても仕事が回る仕組みや、連絡方法などを作って対応するのです。

POINT　できること、できないことを区別

自分がやって欲しいことと、法律的にできる・できないを区別して考えることが大切です。またノルマを果たさず帰る部下には「自分の評価を下げることになる」と伝えることも必要です。それでも改まらない場合は、最終的にはキャリアにも関わることだとして、部下の将来について話し合いましょう。

CASE 7

何度も同じことを質問してくる部下にイライラする。

「これってどうやるんでしたっけ？」と何度も同じことを聞いてくる部下。「この前教えたばかりだろう…」とついイライラ。いったいどうしたらこの部下を変えることができるのだろうか？

こんな対応はマズイ
NG! 「物覚えが悪いな」と怒る。

あからさまにイラッとしたり、「またか？」「物覚えが悪いな」と怒れば、相手は委縮し、下手すればモチベーションまで下がりかねません。かといってそのままにしていては、部下の成長も望めません。

こう考えてみよう

思い込みと事実を分けて考える

たとえばコピーの取り方を2度質問してきたら「何度も」になるのか。「何度も」と一言で言っても、本当はどのくらいの頻度で質問してくるのか。事実か自分の思い込みなのかを、まず確認しましょう。その上で部下の指導法を考えます。

イライラを3ステップで解決しよう

STEP 1　まず現状を把握しよう

- 実際はどのくらいの頻度で質問してくるか。
- じつは簡単なことに対する質問なのでイライラしているのではないか。
- 難しい仕事だったら繰り返し質問されても平気なのか。

↓

STEP 2　理想の状態は何か考えよう

物覚えがいいとはどんなものなのか。教えたことを一発で全部覚えるのがよいのか。まったく質問してこないのがベストなのか？　自分にとっての理想をまず考えてみましょう。

↓

STEP 3　それが本当にできることか考える

理想が分かったところで、それが本当にできることなのか考えてみましょう。その上で、理想の状態ではない部下に対して、自分が今できることは何なんだろうかと対策を練りましょう。

POINT　ベターな方法を考えよう

いますぐできること、たとえば部下にいつもメモを持たせる、パソコンにメモを貼り付けさせる…など、ベストの方法ではないものの、ベターな方法を考えて実行させましょう。それにより部下に日々少しずつでも進歩があれば、あなたのイライラもグッと減るはずです。

CASE 8

同じミスを何度も繰り返す部下をなんとかしたい。

スケジュールが遅れたり、書類を見直さず間違いがあったりと、何回注意しても同じミスを繰り返す部下。改善案を求めても「がんばります」の一辺倒で、なんの進歩もないのだが…。

こんな対応はマズイ

NG! 「なんとかしろ！」と怒鳴りつける。

なにも根本的な対策を講じず、ただ「がんばれ」と励ましたり、頭ごなしに怒るのでは逆効果です。部下はまたミスを繰り返して委縮してしまい、仕事のヤル気までもなくしかねません。

こう考えてみよう

見逃せないミスと許せるミスを分ける

ただイライラするのではなく、「人間誰しもミスはするものだ」というところからスタートして考えてみましょう。そして「どの程度のミスだったら許してあげられるのか」、逆に「これ以上は許せない」という範囲を探ります。

イライラを3ステップで解決しよう

STEP 1 現状をまず把握しよう
- 実際はどのくらいの頻度で、ミスを繰り返すのか。
- 仕事の難易度に問題はないか。
- こちらの指導の仕方に問題はないか。なにか対策はないか。

↓

STEP 2 まず自分の基準を考えよう

完全にミスをしなかったら合格なのか。どのくらいのミスだったら許せるのか。まずはミスに対する「基準」を考えておきましょう。またすべてのミスを細かく指摘していたら、あなたがどうなってしまうのか、自分の状況も考えてみましょう。

↓

STEP 3 許せる範囲を探そう

その上で許せるミス、許せないミスの境界線を考えましょう。大目に見るところは大目に見て、部下を信じることができるようになる方が、あなたの評価も上がり、イライラも少なくなります。

POINT　ミスをカバーする体制を作る

絶対に見逃せないミスに関してはしっかり怒るなり、指導をするなりしましょう。また部下がミスしても、それをカバーできるようなシステムや体制を作っておくことも大事です。たとえばその部下の仕事を他の人が再度チェックするなどの仕組みを作り、ミスを減らしていきます。

CASE 9

部下が打たれ弱く
すぐにヘコんでしまって困る。

打たれ弱くすぐに落ち込む部下。注意すると「本当にすみません」と素直に謝るのだが、その後元気がなくなり、会社を休むこともしばしば。彼を上手に指導をする方法は？

↓

こんな対応はマズイ

NG! **叱咤激励(しったげきれい)する。**

このタイプは怒られることに対する耐性が弱いと考えられます。そのためただ怒ったり、ただ励ますのでは逆効果になります。下手すれば出社拒否など最悪の状況になり、あなたのイライラも増すことに。

こう考えてみよう

↓

打たれ弱いとはなにか考える

あなたが打たれ弱いと思っていることはどういうことなのか、まず考えてみましょう。たとえば会社に来なくなることなのか、何も言えなくなってしまうことか。はたまたヤル気をなくしてしまうことか。最初に定義づけをします。

イライラを3ステップで解決しよう

STEP 1　現状をまず把握しよう

・部下のどんなところが打たれ弱いのか。

・なにを言ったら心が折れてしまうのか。

・どんなときにどのくらい部下の状態が悪くなるのか。

↓

STEP 2　比較的よい日を探してみよう

部下が打たれ弱いとはいえ、今日は比較的よかったな、という日があるはずです。そのときの部下への接し方、指導の仕方、怒り方を思い出してみましょう。

↓

STEP 3　傷つかない言葉を探しておこう

過去を振り返ることで、こういう言葉を言うとすごくヘコむけれど、この言い方だったら部下は大丈夫だ、というパターンが見えてくるはずです。その中から上手な接し方を見つけ出しましょう。

POINT　状況によって言葉や態度を変えよう

部下を「打たれ弱い」と決め付けるのはよくありません。先入観を持って接することになります。むしろ冷静に観察して状況によって怒るときの言葉や態度などを変えるのがベストです。また部下がいまどんな精神状態なのか知るために、じっくりと話を聞いてあげることも大切です。

CASE 10

同僚がなにかとこちらを
ライバル視してくる。

自分はまったく意識してないのに、こちらをライバルとして敵視してくる同僚。会議でこちらが発言した後で、必ず反対意見を述べてくる。仕事でも何かと突っかかってくるし、こちらは平和に過ごしたいのに、ストレスを感じる毎日で…。

↓

こんな対応はマズイ

極力接しないようにする。

「距離を置こう」とその同僚を敬遠すれば、「ほら、やっぱりな。あいつはこちらを敵視しているんだな」と相手から誤解されてしまいます。相手はさらにあなたへの敵意を強める可能性が。

こう考えてみよう

↓

なにが「ライバル視」か考える

あなたにとってなにが「ライバル視」に当たるのか、まず再確認する必要があります。なににつけてもいちいち文句を言ってくるのか、実績のことを指摘するのか、よそよそしい態度を取るのか。そこをはっきりさせましょう。

イライラを3ステップで解決しよう

STEP 1 現状をまず把握しよう

- どんなときに相手がライバル視していると感じるのか。
- そもそも相手に敵意があるのか、ないのか。
- こちらを助けてくれるケースは、いままであったかどうか。

↓

STEP 2 どんな状態が望ましいか考える

次にどんな状態が理想なのかを考えます。相手が親切にしてくれることなのか。成績を比べないことなのか。それとも会議で反論してこないことなのか。自分の気持ちを確認しましょう。

↓

STEP 3 許せる範囲を考えよう

少なくとも許せる範囲は？　同僚がどんな言葉をかけてきたらイヤなのか、どういう態度が引っ掛かるのか。逆に、せめてこういうことを言ってくれたら大丈夫なのに…、と自分の気持ちを整理しましょう。またそれを直接相手に伝えるのもひとつの手です。

POINT　ライバルは必要と考えよう

許せる範囲が分かればイライラはグッと減ります。そもそもライバルは自分が成長するためには必要なものです。そこを理解し、「ライバルって必要なんだな」と思えるようになれるのがベストです。まずは自分の認識を変えることで、イライラを減らしていきます。

CASE 11

同僚がウワサ話ばかりするのでイライラする。

同僚が仲良しグループを作ってワイワイやっている。いつも同じメンバーで集い、頻繁に飲み会も開いている。話題は社員の悪口やウワサ話ばかり。聞いていてあまりいい気分ではないが、仲間外れもイヤだし…。

⬇

こんな対応はマズイ

ウワサ話に参加する。

こうしたグループには一度参加すると、なかなか抜けられない可能性があります。「一度ぐらいなら…」と考えて話に参加するのはやめた方が無難です。まずはなぜ自分がイライラするのか考えましょう。

こう考えてみよう

⬇

自分がイライラする原因を探そう

イライラするのには理由があるはずです。それは「相手が会社でウワサ話をしている」というところにあるのか。またメンバーに原因があるのか、話の内容が問題なのか。自分の心の中を探って、イライラの原因を見つけてみましょう。

イライラを3ステップで解決しよう

STEP 1 現状をまず把握しよう

- 自分はどんなウワサ話が気に入らないのか。
- いつ、どこで話しているのが気に入らないのだろうか。
- どんなメンバーだと気になってしまうのか。

↓

STEP 2 できること、できないことを考える

そもそもウワサ話をやめさせること自体できるのか？ それはおそらくできません。相手の性格を変えることも不可能です。それ以外で自分がいまできることを考えリストアップしてみましょう。

↓

STEP 3 優先順位をつけ実行しよう

「ウワサ話を聞かない」「グループに入らない」「話を聞き流す」など、できることを挙げたら、それに優先順位をつけてやってみましょう。しかしながらあまりにも仕事に支障が出る場合は、ウワサするのはやめるように注意をすることも考えましょう。

POINT　状況を変えられるかどうかがカギ

こうしたことは、まず自分の力で状況を変えられるかどうか考えることが大切です。変えることができず、たいした支障もないのならウワサ話をする人は「放っておく」ことがベストです。下手に気を使い過ぎると、思わぬトラブルに巻き込まれることもあり要注意です。

CASE 12

同僚が融通が利かなくて困っている。

仕事上の変更に対応してくれない。経費の清算などでも例外を一切認めない。このような融通が利かない同僚と一緒に仕事をするのは大変です。ではどのようにつきあえばよいのでしょうか？

こんな対応はマズイ

NG!　「なんで融通が利かないんだ！」と怒る。

相手は正しいと思ってやっているのですから、「非難するのは間違いだ」と反論されておしまいです。強固に主張すれば、あなたまで「融通が利かない人」になってしまい、もっと仕事がしづらくなります。

こう考えてみよう

なにが融通が利かないことか考える

「融通が利かない人」と決め付けるのではなく、実際はなにが、どのくらい融通が利かないのかを観察しましょう。またそもそも融通が利かないということはどういうことなのか、定義から考えてみましょう。そして改めてつきあい方を考えます。

イライラを3ステップで解決しよう

STEP 1 現状をまず把握しよう
- 相手はかたくなに自分の作った手順でないと認めないのか。
- 一度決まったことは絶対に曲げないのか。
- 多少の例外も認めてくれないのか。

↓

STEP 2 あなたはどうしたら満足なのか

全部応じてくれたらベストでしょうが、そうはなりません。そこでイライラを減らすために、許せる範囲として、少なくともこのくらい融通を利かせて欲しいというラインを考えてみましょう。

↓

STEP 3 できるだけ合わせることを考えよう

融通が利かない人というのは頑固な人です。そのため相手のルール、手順なりを推測して、その人がやりやすいようにしてあげるのがベストです。合わせられる部分は合わせて、相手の信頼を得て、自分の仕事をやりやすくしましょう。

POINT 相手の長所を理解しよう

融通が利かないというのは、よく言えば「こだわりがある」ということで、ひとつの長所ではあるのです。相手の長所を理解することで、接し方を変え、上手なつきあい方を模索しましょう。だいたい融通が利かない人でも、きちんと時間をかけて説明すれば分かってくれる場合も多いのです。

CASE 13

担当者が威圧的で仕事がやりにくい。

取引先の担当者が新しい人に変わったが、これが前任者とは正反対の威圧的でやりにくい人間。果たしてうまくやっていけるのだろうか…。このようなタイプに上手に接するには？

こんな対応はマズイ

オドオドした態度を取る。

誰でも威圧的な人を前にしたら緊張してオドオドしてしまうものです。ただし、いつまでもその態度を続けていたら、相手も不快に感じることでしょう。できるだけ早く親しくなる必要があります。

こう考えてみよう

どんなところが威圧的に感じるのか

自分は相手のどんなところがイヤなのだろうか、また苦手に感じるのだろうか。どんな言葉に対して自分は敏感に反応しているのか、どんな態度に委縮してしまうのか。まずは自分自身の反応を観察するところから始めましょう。

イライラを3ステップで解決しよう

STEP 1 現状をまず把握しよう

- 相手のどこを威圧的と感じているのか。
- どんなときに相手は威圧的な態度を取るのか。
- 威圧的ながらも愛想がいい日、機嫌がいい日はなかったか？

↓

STEP 2 ましだった日を探してみよう

相手がいつもよりましだった日を探しましょう。それが見つかったら、次に会うときにその日と同じように振るまってみましょう。会う時間を工夫したり、相手の好きな話題を振ったりといった細かい演出を行います。

↓

STEP 3 自分のスイッチを封印しよう

自分がどんなところをに対して、相手を威圧的と感じているのかさえ分かれば、そこを「見ない」「そこには触れない」ことができます。演出以外に、威圧的と感じるスイッチを封印することが大切です。

POINT 自分と同じところを探してみよう

人間は他人に対して、自分と違うところを見つけるほど、その人を嫌いになるものです。逆に好きになるときには、自分と同じところを探すものです。つまり性格が合わない人ほど、自分と同じ要素を見つける努力をするとよいのです。相手の仕事に対する姿勢や信条、趣味や食べ物の好みなど、じっくり調べてみましょう。

CASE 14

顧客が激怒して電話してきた！

自分が担当する顧客からクレームの電話が来た。こちらのミスが原因なのだが、相手は取り付く島もなく「もっと上の人間を出せ！ 社長を出せ！」と言ってくる。こうした顧客をどうなだめればいい？

こんな対応はマズイ

NG! 相手を待たせて対応を考える。

これは一番マズイ方法です。待たされることで、相手の怒りがさらに増すことは間違いありません。また、ただひたすら謝るのも×。現状を把握できず、有効な対策を打つことができなくなります。

こう考えてみよう

怒りの原因をつきとめよう

怒りの内容と度合いを正確に把握するよう努めましょう。まず相手の怒りの原因を探ります。それは取引中止になるぐらいの怒りなのか、なんとか自分の判断で止められるものなのかを判断します。その上で対応策を考えましょう。

イライラを3ステップで解決しよう

STEP 1 現状をまず把握しよう
- 相手はなにが原因で怒っているのか。
- 激怒というのがどれぐらいの怒りか。
- その怒りは自分で解決可能か。上司の協力が必要か。

STEP 2 自分が望む状態を考える

次にいま起こっていることは、どうなったら理想の状態になるのか考えましょう。顧客の怒りが鎮まり、ミスはなかったことにしてくれるのがいいのか。それともミスをしたことがこれからのよりよい関係のきっかけになればいいのか、などベストな結末を考えます。

STEP 3 いまできることを考える

まずは相手の話をじっくり聞くことが大切です。相手がどうして欲しいのか聞いて理解し、いまできることを考えます。その上ですぐに顧客の元に上司と出向くなど、具体的な対策を講じます。

結論　相手の怒りの前の感情に着目

顧客の話を聞くときには、相手が怒る前の感情、たとえば「不安」「辛さ」「困惑」などの感情に目を向けましょう。どんなに怒っていても自分の感情を理解されると、相手は納得をし、安心するものです。まずは相手が納得するまで十分に話を聞いてあげることが大切です。

CASE 15

小言ばかりの両親に
イライラする。

実家に帰れば温かく迎えてくれる両親。ところがすぐに「まじめに働いてるの？」「結婚は？」などと、まるで尋問のように聞いてくる。その後は小言に発展。こちらは爆発寸前に…。

↓

こんな対応はマズイ
NG! 「いちいちうるさいよ！」と返す。

せっかくのんびり過ごすはずが、これでは親との関係が険悪になりかねません。また売り言葉に買い言葉で、相手を傷つける言葉を言ってしまう可能性も。関係が近い人ほど言葉には気をつけなければなりません。

こう考えてみよう

↓

親の気持ちを想像してみよう

そもそも親はあなたを攻撃しようとか批判しようなど考えて、小言を言っているわけではないのです。まずそこを理解しましょう。その上で小言がどのくらい多いのか、それはガマンできるものなのか、できないのか考えましょう。

イライラを3ステップで解決しよう

STEP 1　現状をまず把握しよう
- どのくらいの頻度で小言を言われるのか。
- どこがイヤなのか。なにを言われるのがイヤなのか。
- それはどのくらいイヤなのか。ずっと言われ続けているのか。

⬇

STEP 2　ましな日を探してみよう
小言を言われる中でも、ましな日があるはず。そのときはどんな状況だったのか考えてみましょう。あまり会っていなかったときなのか、それともじっくり話をしたときか、などパターンを探します。

⬇

STEP 3　接し方を模索しよう
比較的よい日が見つかったら、その日に近いパターンで両親に接してみましょう。その際先述の「親はあなたを心配しているから小言が増えるのだ」ということを再度認識しておきましょう。

POINT　距離の取り方を工夫する

人間関係を好転させるには、相手との距離を取ることが解決策になる場合と、逆に距離を詰めるのがよい場合の両方が考えられます。もし関係が改善しないなら、いつもとは逆の距離の取り方で両親に接するのも手です。つまりいつもは「敬遠しがち」なら、反対に積極的に話をするようにします。

CASE 16

車内で電話をしている人が気になる。

こんな場面に遭遇したらどうする?

電車内で電話で話している人。たとえ小声で話していてもイライラを感じてしまいます。しかしながら面と向かって注意するのは勇気がいることだし、トラブルが起きることも考えられます。この場合、どう対処すればいいのでしょうか?

こう対処しよう

同じような状況でも、自分が「イライラするとき」と「気にならないとき」があるはずです。では後者はどんなときなんだろうと考えてみましょう。それは大好きな音楽を聴いているときなのか、読書に夢中になっているときなのか…。それが分かったら、「イライラしなかった状況」をその場で再現してみましょう。自分が再現できるなにかを用意しておくと、気分が悪いながらもましな日になっていきます。またどうしても気になるときはその場から離れてみるのもよいでしょう。

CASE 17

違法駐車をする人を注意したい。

こんな場面に遭遇したらどうする?

自宅の近くに、停めやすいのかバイクや自動車が常時違法駐車をしている。警察が何度か回って取り締まっているのだが、一向に改める気配がない。こちらも迷惑しているので、直接つかまえて注意しようと思うのだが…。

こう対処しよう

違法駐車を注意する人は正義感が強い人です。しかしその人はじつは「できること、できないことの区別」ができていないのです。違法駐車を裁ける人は警察官だけ、自分にはそれを裁く権利がないことを理解しているようで理解していないのです。この場合は「できること」をすることに留めておきましょう。それはたとえば警察への通報や管理事務所への連絡などです。イライラを鎮める方法は、このように「できる、できない」の仕分けをして行動することなのです。

CHAPTER 9

イライラを コントロールする 記録術

> 自分が感じた「怒り」を記録してみよう。思い込みや漠然としていた感情が整理されると、コントロールしやすくなる。

ANGER CONTROL IN **DAILY LIFE'S**

怒りをコントロールする記録術

自分の怒りをただ漠然ととらえたり、感じていてはいけません。どんなときに、誰に、どのくらいの怒りを感じるのか、事前に認識しておくことでそれに対する対処法も自然と見えてきます。そのために必要なのが「記録」です。ここでは自分の怒りを観察し、記録する方法を紹介します。

CHECK 怒りを記録する3つのポイント

1 ビジュアル化する

怒りを目に見える形にすることで、それに対して客観的になることができます。そのため怒りを文字や数字、あるいはイラストなどでビジュアル化し記録します。

2 マメに記録する

「記録帳」をつねに持ち歩き、マメに記録するようにします。形式は人それぞれで構いません。とにかく怒りを感じたら、それをメモしておくことが大切です。

3 記録することでイライラを客観視する

記録するということ自体が、意識を別のところに移すアクションとなり、怒りを一瞬鎮めてくれます。これは前に紹介したマジックアクションの「6秒待つ」(P20)と同じような効果が見込めます。

記録術①

→ メモ帳を用意して怒りを記録しよう。

イライラをコントロールするために次は怒りを記録してみましょう。アンガーマネジメントでは怒りを記録することを「アンガーログ」と呼んでいます。これは怒りを感じるたびにそれを記録することで、自分の「怒りの傾向」を知る目的があります。

やり方と手順

1 まずは小型のメモ帳やノートを準備しましょう。ポケットに入るぐらいの小さいものがよいでしょう。

⬇

2 あらかじめ記入する項目をメモ帳に書き込みます。項目は、①日時 ②場所 ③出来事 ④怒りの点数です。

⬇

3 怒りを感じたら、まずその怒りを153ページの怒りの数値化スケールを参考にして点数化します。

⬇

4 点数化が済んだら、項目ごとに記録していきます。できるだけ客観的に書くことが大切です。

154ページではアンガーログの書き方例を紹介 →

ONE POINT ADVICE

怒りを記録する際には、出来事に対する自分の行動や言動については深く考えないで書くことが重要です。考え過ぎると、かえって怒りが強まることになってしまいます。

CHAPTER 9 ‖ イライラをコントロールする記録術

記録術②

→ ひとつひとつの怒りを数値化してみよう。

これはスケールテクニックと呼ばれる手法です。自分の中にイライラや怒りが湧き上がってきたとき、「これは5点ぐらいかな」と点数をつけます。これによって怒りを客観的に把握することができるようになります。

やり方と手順

1 あらかじめスケール（怒りの物差し）を準備。点数は10点満点で、許せない最大の怒りが10点になります。

2 たとえば上司に注意されたとき、「これはあまりたいしたことないな。3点」と点数化します。

3 最初はあまり厳密に考えず、思いつくままに「これは○点」と自由に点数をつけるようにします。

4 点数をつけることを習慣化します。じつは点数をつけること自体が怒りを一瞬鎮める対処法になるのです。

ONE POINT ADVICE

＜スケールの一例＞
0~1…穏やかな状態
2~3…軽めの怒り
4~6…時間が経っても治まらない怒り
7~9…爆発寸前の怒り
10…最大級の怒り

怒りの数値化スケール

これは怒りのレベル設定のサンプルです。これを参考にしながら自分のスケールを作ってみましょう。

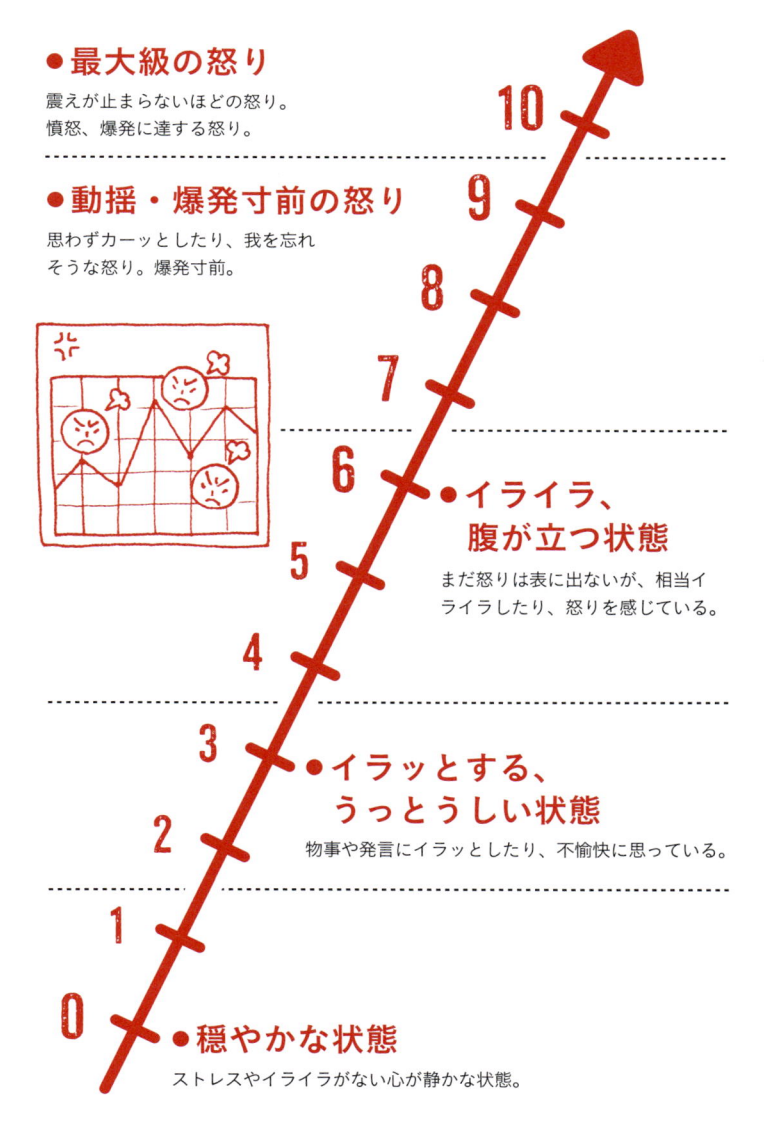

●最大級の怒り

震えが止まらないほどの怒り。
憤怒、爆発に達する怒り。

●動揺・爆発寸前の怒り

思わずカーッとしたり、我を忘れそうな怒り。爆発寸前。

●イライラ、腹が立つ状態

まだ怒りは表に出ないが、相当イライラしたり、怒りを感じている。

●イラッとする、うっとうしい状態

物事や発言にイラッとしたり、不愉快に思っている。

●穏やかな状態

ストレスやイライラがない心が静かな状態。

CHAPTER 9 ｜ イライラをコントロールする記録術

| ANGER LOG | **アンガーログ＜例＞** |

日 時　20XX年10月16日15時

場 所　3階会議室

出来事　部長に呼び出されて、
納品ミスについて30分説教をされた

レベル　7

コメント/捕足

ミスは発注側にも問題があるのだが、部長は一方的にこちらを責めた。
改善案提出を求められた。
かなりイライラした。

| ANGER LOG | アンガーログ |

日時

場所

出来事

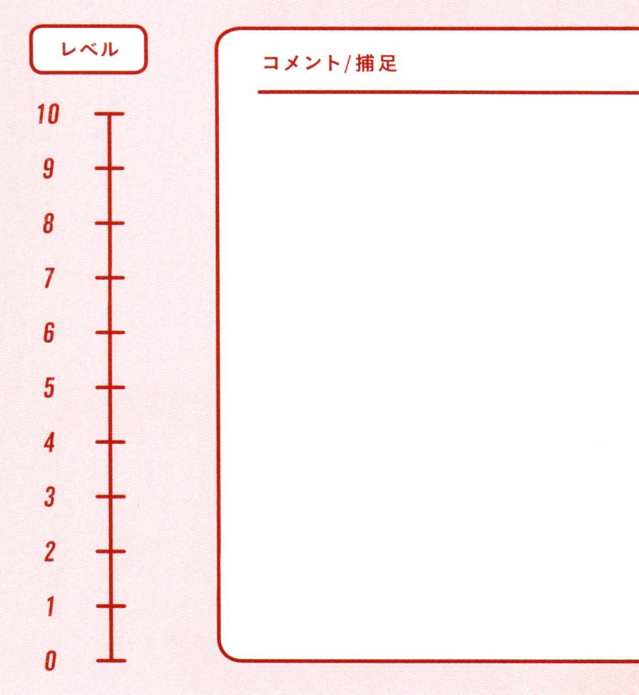

レベル

10
9
8
7
6
5
4
3
2
1
0

コメント/捕足

CHAPTER 9 ／ イライラをコントロールする記録術

記録術③

→ あなたの「○○すべき」は、なにか？「べきログ」を作る。

アンガーログとは別に、「べきログ」というものがあります。これは自分の中にある「こうあるべき」を書き出して、怒りの原因になっている価値観を表面化させようというものです。つまり自分の「こだわり」が明らかになります。

やり方と手順

1 まずは自分自身が日頃よく使っている、「こうするべき」や「こうあるべき」を思い浮かべましょう。

2 そして自分の「べき」を紙にできるだけ書き出します。家族、上司、友人など対象別に書いてもOK。

3 「べき」は具体的に書きましょう。たとえば「待ち合わせは10分前には来るべき」などといった具合です。

4 「べき」をすべて書き出したら、それを読み返してみましょう。自分の意外なこだわりが分かってきます。

ONE POINT ADVICE

「べきログ」を一通り読み終わったら、今度はその重要度を5段階で評価してみましょう。すなわち「このべきは重要」「これはあまり重要ではない」と分けていくのです。

「べきログ」を作ってみよう

ここでは「べきログ」の書き方を紹介します。下の例を見てください。
これを参考にして下の空欄にあなたの「べき」を記入してみましょう。

例

1. 新人は真っ先に電話にでるべきだ。　　　　　　　　（評価 5 ）
2. 始業時間の10分前には席に着くべきだ。　　　　　　（評価 4 ）
3. 電車内では化粧を控えるべきだ。　　　　　　　　　（評価 3 ）
4. メールには必ず返信するべきだ。　　　　　　　　　（評価 5 ）
5. 借りたお金はすぐに返すべきだ。　　　　　　　　　（評価 5 ）
6. 女性はおごってもらって当然という考えは改めるべきだ。（評価 2 ）

あなたの記入欄

1. 　　　　　　　　　　　　　　　　　　　　　　　（評価　）
2. 　　　　　　　　　　　　　　　　　　　　　　　（評価　）
3. 　　　　　　　　　　　　　　　　　　　　　　　（評価　）
4. 　　　　　　　　　　　　　　　　　　　　　　　（評価　）
5. 　　　　　　　　　　　　　　　　　　　　　　　（評価　）
6. 　　　　　　　　　　　　　　　　　　　　　　　（評価　）
7. 　　　　　　　　　　　　　　　　　　　　　　　（評価　）
8. 　　　　　　　　　　　　　　　　　　　　　　　（評価　）
9. 　　　　　　　　　　　　　　　　　　　　　　　（評価　）
10. 　　　　　　　　　　　　　　　　　　　　　　　（評価　）

記録術④

→ 「ストレスログ」で自分のイライラを整理しよう。

次に紹介するのが「ストレスログ」です。これはストレスを4種類に分類して「見える化」する手法です。ストレスをコントロールできるもの、できないものに分けることで、頭の整理を行っていきます。

やり方と手順

1 自分の日頃の生活の中で、「これはストレスだな」と思うことをできる限り書き出していきます。

⬇

2 それを「自分で変えられること」か「変えられないことか」で2つに分けていきます。

⬇

3 さらにそれぞれを「重要なこと」か「重要ではないこと」で分けて、4つのグループにします。

⬇

4 すべてをもう一度見直して、自分のイライラの全体像を再認識し、「重要なこと」に対する対策を練りましょう。

ONE POINT ADVICE

ストレスには整理するだけで小さくすることができるものがあります。ストレスを分類したら、それぞれに目を通して、重要ではないストレスを減らす方法を考えましょう。

「ストレスログ」を作ってみよう

実際に「ストレスログ」に自分のストレスを書き込んでみます。
例を参考に自分のストレスを4つの枠に分類してみましょう。

	変えられること	変えられないこと	
重要なこと	例 ・ダンドリが悪く、仕事が遅れがちになる ・営業成績がおもわしくない	例 ・上司がいい加減で、仕事に支障が出る ・他のスタッフの能力が低い	重要なこと
重要ではないこと	例 ・職場での他人の雑談がうるさい ・机が散らかっていてイライラする	例 ・部下が定時で帰る ・経理担当が融通が利かない	重要ではないこと

上の空欄にあなたのイライラを分類して書き込んでみましょう。

記録術⑤

→ アンガーマネジメントの計画表を作ろう。

次に、これまで紹介した「アンガーログ」、「べきログ」、「ストレスログ」を参考にしながら「アンガーマネジメント計画表」を作りましょう。この計画表では、「日常の目標」「短期目標」「最終目標」を書き出します。

やり方と手順

1 まず日常の目標では、「でも、だからなどの言葉を使わないようにする」など、自分の習慣を書きます。

⬇

2 短期目標は「仕事のミスを減らす」などの、自分でできる目標と対策を書き出します。

⬇

3 次に長期目標では「上司との関係改善」など、比較的時間がかかる目標を書き出します。

⬇

4 最後に最終目標ですが、これは「自分が1年後どのようになっていたいのか」を具体的に書き出します。

ONE POINT ADVICE

このように計画表を作りアンガーマネジメントの目標をはっきりさせることによって、怒りに対してポジティブに接することができ、具体的な対策が打てるようになります。

記録術⑥

→ 相手のコアビリーフを知っておく。

ここまでは「自分の怒り」の対処法を紹介しましたが、「怒らない環境」を整えるにはそれでは不十分。日常的に一緒に過ごす相手をよく知ることが大切になってきます。そこで「観察」することで相手のコアビリーフを把握しましょう。

やり方と手順

1 ふだん上司や部下、家族など、身の回りの人がどんなことを言っているか気にしておきましょう。

⬇

2 その上で、対象者の「べき」や「べきでない」を知っておきましょう。

⬇

3 1と2を通じて、だんだん相手の怒るポイントが分かってきます。

⬇

4 相手が怒るポイントが分かったら、それを踏まえた上で新たに付き合い方、接し方を考えましょう。

ONE POINT ADVICE

相手の怒りの基準が分かって、それに合わせて行動すれば、相手のイライラが減っていきます。それは結果的に自分自身のイライラを減らすことにつながるのです。

記録術⑦

→「アンガーログ」を
他人にも当てはめてみる。

「怒らない環境」を作るために、職場や家庭などの身近な人間の「怒りのトリガー」を知っておく必要があります。そのためP154で紹介した「アンガーログ」を他人にも応用することをおすすめします。

やり方と手順

1 まず対象者をよく観察します。そしてどんなときに機嫌が悪くなるかチェックします。

⬇

2 相手が怒ったり、イライラした場合、その時間と場所、状況などをメモに残しておきます。

⬇

3 その際、怒りの引き金(トリガー)になった言葉や出来事についてはとくに細かく記録します。

⬇

4 後でメモを見直し、相手が機嫌が悪くなる状況、言葉などについてまとめておきます。

ONE POINT ADVICE

たとえば「あの上司は部長会議の後、機嫌が悪くなる」など、他人のログで怒りポイントが分かります。後はこのポイントを避けるだけで相手とぶつかるのを回避できます。

CHAPTER 10

イライラを
コントロールする
生活術

> 日々の生活の中で、ちょっと意識するだけでイライラは感じにくくなる。日頃の心がけがアンガーマネジメントにつながる。

ANGER CONTROL IN **DAILY LIFE'S**

怒りをコントロールする生活術

先に「怒り」はアレルギーと同じで、「対処法」と「体質改善」が必要だと説明しましたが、これから紹介する「生活術」は後者の「体質改善」を行う方法です。日常生活にアンガーマネジメントの手法を取り入れることで、「怒らない体質」そして「怒らない環境」を作っていきます。

CHECK 日常生活の3つのポイント

1 怒りと上手に付き合って生活する

何度も言うようですが、怒りは完全に消すことはできません。生活をしていればイライラすることがあって当然です。そのため「怒りを撃退する」のではなく、いかに上手に付き合うかが重要です。

2 積極的に生活を変えよう

何もしないでいては日常の怒りを減らすことはできません。毎日の生活にさまざまな工夫や方法を取り入れ「変化」を起こすことで、少しでも怒りの原因を減らしていくことが大切です。

3 すぐに効果が出ると考えない

生活術はすぐに効果が出るものではありません。継続がもっとも大切と言えます。長く続けるために、「無理なく」アンガーマネジメントを行う必要があることを知っておいてください。

生活術 ①

→ NGワードを使わないようにしよう!

本書ではさまざまな「言葉の言い換えに」について説明してきました。基本的に「イヤなことを言わない人」には、相手も「イヤなことを言わない」ものです。そこでここでは「言ってはいけないNGワード」をまとめてみました。これらの言葉を封印することで、相手のイライラもなくなり、結果的にあなたも穏やかな気持ちで相手に接することができるようになります。またイライラや怒りを感じても「言ってはいけない言葉」を使わなければ、深刻な問題には発展しません。

3つのNGワード

1. 「いつも」「必ず」「絶対」といった大げさな表現はNGワードです。表現はつねに正確に。

2. 「なんで」という言葉は使わない。これは相手に「責める」ニュアンスを感じさせる言葉です。

3. 「前から言おうと思っていたんだけど」という言葉は使わない。

ONE POINT ADVICE

2の「なんで」には「相手に要求したいこと」が隠れています。この言葉の代わりに、「どうしたら」を使うとよいでしょう。これで相手も解決策を考えるようになります。

生活術②

→ 正確な表現を
つねに心がける。

正確な表現はトラブルを回避します。海外では5Ws、日本では5W1Hと呼ばれるものがあります。これはアンガーマネジメントではありませんが、下のようなWを意識することで、より正確に表現することができます。

正確な表現のための4つのW

1 WHO（＝誰が）。みんなが君のこと○○と言ってるよ、など「誰が」が曖昧な表現は相手の怒りを誘います。

2 WHEN（＝いつ）。「昔からそう決まってるよ」とか「あなたいつも○○だね」など時間的に曖昧な表現はNG。

3 WHY（＝なぜ）。日本人は「理由」の伝達が下手。なぜそうなのか、そう思うのか伝える習慣を持ちましょう。

4 WHAT（＝何を）。「君、反省してよ」ではなく「君の○○を直して欲しい」など具体的に言う工夫が大切。

ONE POINT ADVICE

またWHERE（＝どこで）や、HOW（＝どのように）も忘れないよう。ちなみに最近では5W2H（HOW MANY、HOW MACH＝どのくらい）とする考え方もあります。

生活術 ③

→ 主語をつねに「私」に変えて話そう。

私たちは怒っているとき、無意識に「自分」ではなく「他人」を主語にしています。「あなたのせいで○○になった！」などがその典型です。日頃から「私」を主語にすれば、怒ったときでも相手を責めるクセはなくなります。

主語に関する４つのポイント

1 「私はこう思う」「私はこんなことで困っている」など、話はつねに主語を自分にして話そう。

2 「あなたのせいで」など目の前の相手を主語にして話すのはNG。トラブルの元になります。

3 「○○さんがきちんとやらないから…」など、その場にいない第三者を主語にするのも×。

4 「会社がこう決めたことだから」など、主語を組織や社会にするのはダメ。押し付けがましさが出てきます。

ONE POINT ADVICE

何か問題を考えるときも「私」を主語に。「私がイヤな思いをしないためにはどうしたらよいか？」など、抱えている問題に対して具体的に考えられるようになります。

生活術④

→ ボディランゲージにも
気をつける。

言葉以上に、相手にこちらの感情を伝えてしまうのが「ボディランゲージ」です。
身振り、手振りや視線には、自分が意識しなくても不快感や敵意が表れるものです。
ここでは4つの気をつけるべきポイントを紹介します。

気をつけなければいけないボディランゲージ

1 まず大切なのはアイコンタクトです。話すときは視線をそらさず相手の目を見るようにしましょう。

2 「腕組み」は相手を「拒否」するボディランゲージだと考えられます。また気難しいイメージを与えます。

3 アゴや鼻、口など、会話中に頻繁に顔をさわるのはやめましょう。相手に違和感を与えます。

4 座って話すとき、相手に対して斜めに構えるのはNG。相手にマイナスイメージを与えてしまいます。

ONE POINT ADVICE

上のポイントとは逆に腕や手を大きく広げて話すのはOK。「迎え入れるようなイメージ」で相手に好印象を与えます。よいボディランゲージは積極的に取り入れましょう。

生活術⑤

→ 怒ったときほど穏やかな口調で話す。

会話では「何を言ったか」より「その言い方」の方が相手の印象に残ります。どんなにまっとうなことを言っていても、言い方が悪ければ相手から支持は受けられません。下の4つのポイントを頭に入れ話すようにしましょう。

話すときの4つのポイント

1 怒っているときほど穏やかな口調で話すようにしましょう。声を荒げたり、トーンを高くするのはNGです。

2 できるだけゆっくり話すのが◯。イライラしたときは早口になりますが、相手に伝わりづらくなります。

3 「うーん」となったり、「えっと」などの言葉グセはできる限り排除するようにします。

4 相手があいづちを打てるように、ときどき話にポーズ（小休止）を入れてあげることも重要。

ONE POINT ADVICE

たとえそれが頼み事や謝罪だとしても、卑屈にならず、つねににこやかに堂々と話すことを心がけましょう。堂々とした話し方はどんな場合でも相手に好印象を与えます。

生活術 ⑥

→ つねに自分をさらけ出す ようにしよう。

対人関係で発生する怒りは、じつは「お互いのことを知らな過ぎる」ということに起因するものも多いのです。そのため「怒らない環境」を作るには、自分をさらけ出し、相手に自分のことを分かってもらう必要があります。

自分を相手に知ってもらうためのステップ

1. いままで自分が感動したこと、逆に悲しかったことなど、自分の体験を積極的に話すようにしましょう。

2. 趣味や好きな音楽、食べ物など、自分の嗜好を相手に伝えるようにしましょう。

3. 物事に対して「自分はこう思っている」ということを伝えてみましょう。

4. あなたの日常を知れば、相手も親近感を持つはず。ふだんどんな生活を送っているのか話すようにしましょう。

ONE POINT ADVICE

自分をさらけ出すと同時に「相手のことを知る」のも重要です。自分のことだけを伝えるのではなく、その後「あなたはどうなの？」と必ず聞くクセをつけましょう。

生活術⑦

→ 自分から変化を作ることで
強いメンタルを手に入れる。

「怒らない環境」を作るのは大事ですが、それに慣れ過ぎると、怒りに対する免疫力がなくなります。多少イライラしたとしても、ときには自分とはまったく違うタイプの人に接したり、慣れない環境に身を置くことも重要です。

違った価値観に接する4つのポイント

1 朝ごはんで違うものを食べてみるなど、毎日ちょっとだけ違うことをしてみましょう。

2 自分の行きつけの店、なじみの店だけに行くのではなく、まったく新しい店を見つけて入ってみましょう。

3 通勤経路や通勤時間を変えるなど、自分の日常をちょっと変えてみましょう。

4 ふだん自分が絶対に見ないようなテレビ番組を見てみましょう。新しい考え方や意見に出会えるかも。

ONE POINT ADVICE

旅行は価値観の違う人に出会う絶好の機会です。観光客に人気の場所だけに行くのではなく、現地の人と触れ合うことができる場所を探して足を運んでみましょう。

生活術⑧

→ 生活の中に
　適度な運動を取り入れよう。

ジョギングやウォーキング、水泳、エアロビクスといった運動は、脳からエンドルフィンやセロトニンなどが放出されるのを促し、ストレスを緩和してくれます。こうした運動を積極的に生活の中に取り入れましょう。

生活に運動を取り入れる際の4つのポイント

1. ストレス解消のための適度な運動は、継続することが大切です。三日坊主にならないように。

2. 激しすぎる運動は逆にリラックス感を妨げることになります。決してやり過ぎないこと。

3. 運動は一人でやるより、友達や仲間と一緒に行う方が長続きし、しかもリラックス効果も高くなります。

4. せっかく運動をしても、それ以外の日に「深酒」や「食べ過ぎ」をしては逆効果。

ONE POINT ADVICE

ヨガ、ストレッチ、太極拳などもストレス解消になります。運動はちょっと苦手で…という人は、これらがおすすめです。要は自分に合った方法がベスト。

生活術⑨

→ 過去、未来ではなく「いま」に意識を集中させる。

これは「グラウンディング（集中・観察テクニック）」というテクニックです。イライラすることから気持ちをそらすために行うものです。仕事をしているときなど、ストレスやイライラを感じたら、ぜひやってみましょう。

やり方と手順

1 昔の出来事を思い出して怒りが湧いたり、将来が不安になったら、まず目の前にあるものを手に取ります。

⬇

2 手に取るものは時計でも鉛筆でもなんでも構いません。次にそれをじっくり観察します。

⬇

3 「色は？」「形は？」「ブランド名は？」「傷はないか？」など事細かに観察します。

⬇

4 一通り観察し終わったら、「さあ戻ろう」と心の中で唱え、「今」に意識を戻します。

ONE POINT ADVICE

上の①～④の手順で、まだイライラが解消されないときには、さらに他の物を観察しましょう。お気に入りのCDや大切にしている物でもよいでしょう。

生活術⑩

→ ストレスを感じたら 最高だった瞬間を思い出す。

しつこい怒りというものは時間が経つにつれ大きくなるものです。対処法は原因となった出来事や人を思い出さないことですが、これがなかなか難しい。そのため逆に「最高だった瞬間」を思い出そうというのがこの方法です。

最高だった瞬間を思い出す4つのステップ

1 まず、過去に自分が「輝いていた」と思える瞬間を思い出して書き出します。

⬇

2 次にその思い出にまつわるものを探して、手元に置きます。写真やトロフィーなどなんでもOK。

⬇

3 写真などはサイフに入れてつねに持ち歩くようにします。携帯可能な物なら効果的です。

⬇

4 ストレスを感じたり怒りを覚えたときに、その思い出の物を手に取り、最高の瞬間を思い出します。

ONE POINT ADVICE

「最高の瞬間」はストレスを瞬時に撃退してくれます。思い出す際は、まず自分をイメージし、さらにその時の風景、季節、仲間などのディテールを思い出すとよいでしょう。

生活術⑪

→ 一日「怒らない日」を作ってみる。

これは会社でよく部下を怒っている人などに効果的な方法です。やり方はシンプルで簡単。「一日限定で怒らない日」を作ってみるのです。これで「怒らない」という状態を経験し、怒りコントロールのテクニックを向上させます。

怒らない一日を送る4つのステップ

1 まず「この日は怒らない」という日を決めます。あまり忙しくないときを選ぶのがよいでしょう。

⬇

2 その日、朝起きたら「今日は一日怒らないぞ」と自分に言い聞かせます。

⬇

3 心の中はともかく、その日は表面的には穏やかに振る舞うようにします。

⬇

4 カチンとくることがあったら、「今日一日だけだからがんばろう」と自分に言い聞かせます。

ONE POINT ADVICE

一日の終わりに周りの人の反応を観察。きっといつもの自分のときと反応が全然違うことに驚かされるはず。このような日を年に何回か作るとよいでしょう。

生活術⑫

→「成功したこと、うまくいったこと手帳」を作る。

これは「サクセスログ」といわれるものです。手帳に「怒ったこと」ではなく、楽しかったこと、成功したこと、うまくいったことを記録していきます。まずは一冊の手帳かノートを準備しましょう。記録する内容は以下の通りです。

サクセスログの作り方

1 うまくいったこと、成功したことを具体的に書き込みます。日時、場所、内容を細かく記入します。

⬇

2 誰かの協力があった場合には、その人の名前、役割、協力内容、発言内容を記入します。

⬇

3 成功の原因を自分なりに分析して記入します。苦労したことがあれば併せて細かく書き込みます。

⬇

4 また成功したときの自分の気持ちも記録しておきます。ただ「うれしかった」ではなく、より具体的に。

ONE POINT ADVICE

あなたはこの手帳によって自信をつけることができます。また他人の協力で自分が成功できることに気づくでしょう。これは怒りコントロールにも役立ちます。

「サクセスログ」を作成してみよう

手帳に下のように記入欄、項目を書き込み、
「サクセスログ」を作ってみましょう。

成功したことの日時／場所／内容

協力者の名前／役割／協力内容／発言内容

成功の原因は？

成功したときの気持ちは？

CHAPTER 10 ‖ イライラをコントロールする生活術

生活術⑬

→ つねに健康を
  チェックする。

「怒り」は健康への影響も大きいものです。自分のストレスやイライラは知らず知らずのうちに体内に蓄積し、体を蝕みます。下の4つのポイントをつねにチェックしながら体調管理を行いましょう。

健康チェックの4ポイント

1 ストレスは体重の増減に影響します。大幅な体重減はないか、また逆に体重増はないか。

2 睡眠は十分取れているか。眠れなかったり、睡眠が浅い場合はストレスが蓄積している可能性が。

3 朝起きて、すぐに動けるかどうか。また体が重い、ダルいということはないか。

4 変な冷や汗が出ないか。またコップを倒したり、体が思い通り動かないことはないか。

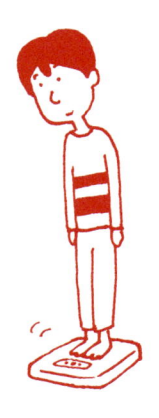

ONE POINT ADVICE

ストレスに強い体は健康から生まれてきます。172ページでも触れたように適度な運動と十分な睡眠を心がけて、健康な体作りを行いストレスやイライラに対処しましょう。

生活術⑭

→ 毎日の食事、栄養に気をつける。

最後に触れておきたいのが「栄養」です。仕事が忙しいと、ついつい外食が増え、十分な栄養を摂取できなくなります。またカロリー過多になることもあり、十分な注意が必要です。

栄養チェックの4ポイント

1 あなたはバランスのよい食事を摂っているか。菓子や脂っこいものなど、偏っていないかチェック。

2 食事は規則正しく摂っているか？ バラバラ不規則な食事は健康に悪くストレスの元になります。

3 外食が多いか。外食が多いと十分な栄養が摂れていない可能性があります。

4 過食ぎみになっていないか。ストレス解消で物を食べるとかえって健康を害します。

ONE POINT ADVICE

1〜4をチェックしながら、あなたの食生活を正しいものに変えていきましょう。イライラの少ない生活は、十分栄養が足りている健康な生活でもあるのです。

生活術⑮

→ 自分に合った「怒りを鎮める テクニック」を見つけておく。

いままでさまざまなアンガーマネジメントのテクニックを紹介しましたが、人によって自分に合うものと合わないものがあると思います。そこで下の４つのポイントから自分にぴったりのテクニックを見つけておきましょう。

自分に合ったテクニック選びの４ポイント

1 まず怒りを感じたときに、本書で紹介したさまざまなテクニックを実際に試してみましょう。

2 これはうまくいったな、怒りが鎮まったな、と思ったときには、そのときの方法をメモしておきます。

3 うまくいかなかったものに関しても、同時に記録に残しておきましょう。

4 次に同じような怒りを感じたときには、もっとも効果的だった思う方法を再現します。

ONE POINT ADVICE

人によっては緊張を感じたとき、「手に人と書いて飲み込む」など独自の方法を用いている人もいます。自分なりの方法を見つけ出し、使ってみるのもよいでしょう。

CHAPTER 11

イライラ
コントロール
ワークシート
実践編

> これまで学んだイライラコントロールのテクニックを、おさらいしながら、実際にワークシートに書き込んでみよう。

CHANGE OF EXPECTATION IN **BUSINESS**

「変化ログ」で自分の変わりたい姿をイメージしよう

会社での転属。新しい部署に行ってみたところが、やり方が自分になじめないものだった。しかも同僚ともいまひとつ馬が合わない。こんなときに解決の手助けになるのが「変化ログ」です。

「変化ログ」とは？

自分はどんなことを変えたいのか、そのためにはなにができるのか、なにをすればよいのか。またいつまでにそれを実現させたいのか。自分で変えていきたい事柄を記録していくのが「変化ログ」です。

どんな効果があるか？

世の中には、いくら努力しても状況が変わらないことがあります。その場合は逆に状況を受け入れて、自分自身を変えるのもイライラを減らす有効な方法です。この「変化ログ」によって自分を変える道筋をつけることができます。

冒頭で触れた「新部署への異動」で言えば、その部署のやり方や同僚の性格を変えることはできません。だからこそ自分を変える必要があるのです。では右のシートにあなたの問題を実際に書き込んでみましょう。

WRITE ▶ 実際に書いてみよう

たとえば **1** の空欄に「新しい部署になじめるようになりたい」などと書き、**2 3 4** の空欄にその方法や時期などを記入していきます。まずは自分のテーマを決めて、順番に書き込んでいってください。

1 自分が変えていきたいと思うこと

2 変わった場合、どんな気持ちになるか

3 変わるためになにをしたらよいか

4 いつまでに変えるのか

CHANGE OF EXPECTATION IN **BUSINESS**

三重円で自分の「許せる心」を広げてみよう

P7では「べきの境界線を広げる」ということについては解説しましたが、今度はそれを図を使って実際にやってみましょう。あなたの「許せる心」のゾーンを広げていくのです。

三重円とは？

自分の「べき」と同じ「OKゾーン」、ちょっとイライラするけど許せる「許容ゾーン」、許せない「NGゾーン」を3つの円で表したものです。外側にいくにつれて「許せない」度合いが強くなっていきます。

どんな効果があるか？

実際に円に「べき」を書き込むことで、まず「自分が許せる度合い」を確認することができます。またそれを踏まえ、再度「度合い」を考え記入することで、許せるゾーンを広げ、イライラを減らすことができます。

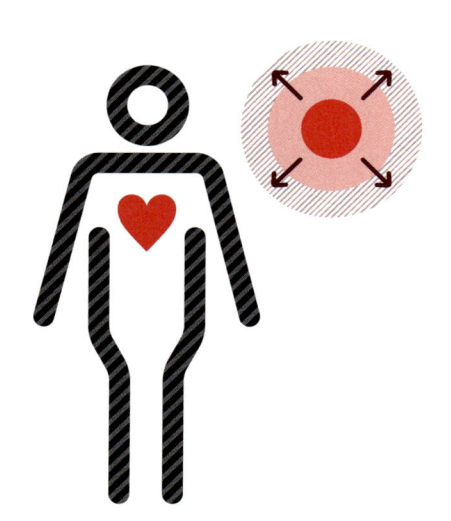

まず三重円の「テーマ」を考えましょう。たとえば「部下のミスでイライラする」など、自分の怒りの原因をピックアップします。次にその原因について「OKなケース」「許せるケース」「許せないケース」を考えます。

WRITE ▶ 実際に書いてみよう

テーマを決めたら、下の空欄に具体的に書き入れていきます。OK〜NGまですべて書いてください。次に下段の空欄に、自分が許容ゾーンをどう変えたいのか書き込んでいきます。

OKゾーン
許容ゾーン
NGゾーン

テーマ　　　　　　　　について

OK

許容

NG

こう変える！ ↓

OKゾーン
許容ゾーン
NGゾーン

テーマ　　　　　　　　について

OK

許容

NG

CHAPTER 11 ‖ イライラコントロール ワークシート実践編

CHANGE OF EXPECTATION IN **BUSINESS**

「3コラムテクニック」で怒りをチェックしよう

これはアンガーログ（P154）と併せて使用すると効果的なテクニックです。アンガーログに書かれた「怒り」から、自分の「べき」を導き出し、それをより許容度の高いものに変えていきます。

3コラムテクニックとは？

3コラムテクニックは、「自分が怒ったことは？」「自分が怒った原因となる"べき"は？」、そして「それをどう変えたいのか？」という3つの自分への問いかけからなります。それを右ページ上段のように、シートに書き込んでいきます。

どんな効果があるか？

自分の中に潜んでいる「べき」「怒りの原因」に気づくことができます。またその怒りの源に向き合って考えることで、「べき」を変え、よりイライラしない基準を作り出すことができるのです。

まずこの3コラムテクニックを始める前に、P154のアンガーログをつけてみましょう。自分の日常の中の怒りを記録することで、自分がふだんどんなことに怒っているのか確認します。

WRITE ▶ 実際に書いてみよう

記入例　アンガーログから「自分の怒り」をひとつ抜き出し、それをテーマにして下記のように記入します。

1 アンガーログから「怒ったこと」を抜き出す

新人の部下が、小さい声であいさつしながら部屋に入ってきた。その態度に非常にイライラした。

2 「べき」を抜き出す

自分は、新人は全員に聞こえるように大きな声であいさつすべきだと考えている。

3 自分の許容範囲を書き出す

しかしながら、あいさつが苦手な人もきっといるはずだ。小さな声でもあいさつすればOKとしよう。

あなたの記入欄　実際に書き出してみましょう。

1

2

3

CHANGE OF EXPECTATION IN **BUSINESS**

「未来シナリオ」で理想のストーリーを作ってみよう

努力しているのに成果が上がらないことほどイライラするものはありません。そんなときに大きな力になってくれるのが「未来シナリオ」です。書き込むだけで、あなたの夢・目標が実現に近づきます。

「未来シナリオ」とは？

これはいわばあなたの「サクセスストーリー」です。「自分は将来こうなりたい」という目標達成までのプロセスを自分自身で決め、シートに書き込んでいきます。これにより目標達成がより現実的なものになっていきます。

どんな効果があるのか？

未来シナリオを描くことによって、まず自分自身のモチベーションが上がっていきます。またどの時期にどんなことをやっておけばよいのか、目標達成に必要な事柄が具体的に見えてきます。

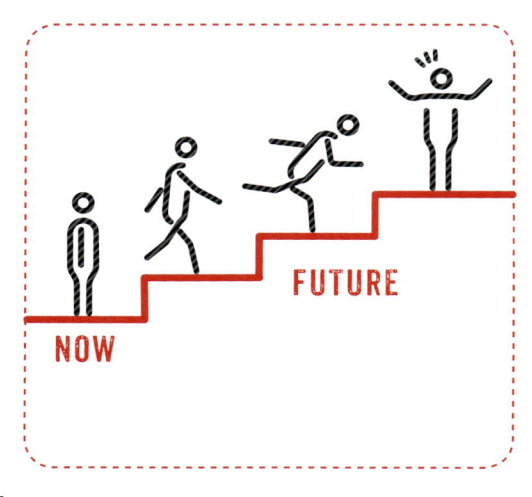

まず自分の目標を決めましょう。「資格を取る」「営業成績を上げ部内でトップになる」など具体的に決めていきます。その上で、右ページの書き込み例を参考にしながら、「あなたの記入欄」を埋めていきます。

WRITE ▶ 実際に書いてみよう

記入例

「営業成績でトップになる」を例に、未来シナリオの書き方を紹介します。

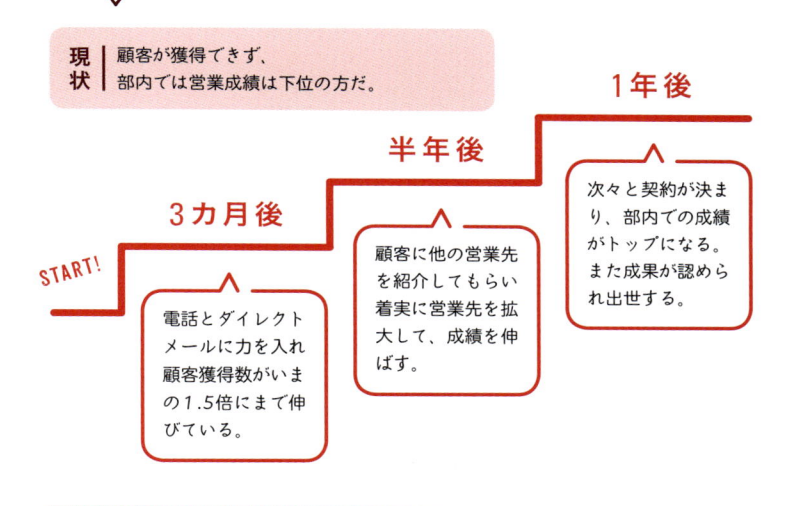

現状 | 顧客が獲得できず、部内では営業成績は下位の方だ。

START!

3カ月後
電話とダイレクトメールに力を入れ顧客獲得数がいまの1.5倍にまで伸びている。

半年後
顧客に他の営業先を紹介してもらい着実に営業先を拡大して、成績を伸ばす。

1年後
次々と契約が決まり、部内での成績がトップになる。また成果が認められ出世する。

あなたの記入欄

上の例を参考に、あなたの夢・目標を書き込みましょう。

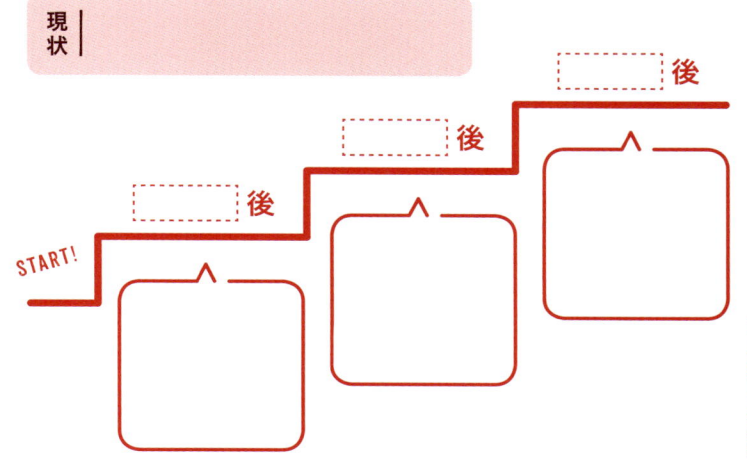

現状 |

START!

　　　　　後

　　　　　後

　　　　　後

CHAPTER 11 イライラコントロール ワークシート実践編

CHANGE OF EXPECTATION IN **BUSINESS**

「棚卸しリスト」で自分の怒りをチェックしよう

自分の怒りの記録もただ書いておくだけではなく、それを振り返り、自分にとってプラスになるようにうまく役立てることが大切です。「棚卸しリスト」はその大きな手助けになります。

「棚卸しリスト」とは？

いわゆる「怒りの総決算」のためのリストです。自分が体験した怒りがどうなったか、そこからどんなことを学んだか、どんなプラス効果が生まれたかを考え記録していきます。アンガーログ（P154）とセットで使うとよいでしょう。

どんな効果があるのか？

自分の怒りがどうなったのか、いまどのくらい残っているのか「棚卸し」することで、自分の怒りを客観的に見つめることができます。またその失敗から「教訓」を引き出すことで、失敗をバネにすることが可能になります。

アンガーログから「自分が怒ったこと」「失敗してイライラしたこと」などをひとつ選び右ページのように「後悔したこと」「その結果」など自由に書き込んでいきます。

WRITE ▶ 実際に書いてみよう

下の記入例のように、まず「怒った事柄」「失敗していら立ったこと」を選び、それに対しての自分の思いや経過などを書き込んでいきます。

記入例

- **怒って後悔したこと**
  部下のミスにイライラし、
  自分の感情のままに大声で怒鳴ってしまった。

- **その結果どうなった？**
  後で恥ずかしいという感情が湧いてきた。
  部下は委縮してしまい、さらにミスが多くなってしまった。

- **失敗から学んだこと**
  これから部下を指導するときは、
  冷静になって相手の言い分を聞きながら行うべきだと思った。

あなたの記入欄

- **怒って後悔したこと**

- **その結果どうなった？**

- **失敗から学んだこと**

監修者 PROFILE

安藤俊介（あんどう・しゅんすけ）

一般社団法人日本アンガーマネジメント協会代表理事、アンガーマネジメントファシリテーター、ナショナルアンガーマネジメント協会公認トレーニングプロフェッショナル、ナショナルアンガーマネジメント協会日本支部長。怒りの感情と上手に付き合うための心理トレーニング「アンガーマネジメント」の理論と技術をアメリカから導入した、日本における第一人者。講演、企業研修、セミナー、コーチングなどを通して、教育現場から企業まで幅広くアンガーマネジメントの普及に日々奮闘している。また、アンガーマネジメントのトレーナーの育成にも力を入れている。

STAFF

デザイン	細山田光宣＋鎌内文（細山田デザイン事務所）
カバーイラスト	長場雄
イラスト	三木謙次
DTP	フォルマージュ・デザインスタジオ
編集制作	コンセント
	保住隆一
企画・編集	端香里（朝日新聞出版 生活・文化編集部）

イライラをコントロールする！
心（こころ）がラクになる言（い）い方（かた）

監修	安藤俊介
編著	朝日新聞出版
発行者	須田剛
発行所	朝日新聞出版
	〒104-8011　東京都中央区築地5-3-2
	電話　（03）5541-8996（編集）
	（03）5540-7793（販売）
印刷所	大日本印刷株式会社

©2015 Asahi Shimbun Publications Inc.
Published in Japan by Asahi Shimbun Publications Inc.
ISBN　978-4-02-333050-4

定価はカバーに表示してあります。
落丁・乱丁の場合は弊社業務部（電話 03-5540-7800）へご連絡ください。
送料弊社負担にてお取り替えいたします。

本書および本書の付属物を無断で複写、複製（コピー）、引用することは著作権法上での例外を除き禁じられています。また代行業者等の第三者に依頼してスキャンやデジタル化することは、たとえ個人や家庭内の利用であっても一切認められておりません。